KNAUR
BALANCE

ISABELL HORN

Schön, anstrengend, aufregend.

MEIN
WOHLFÜHLBUCH
FÜR FRISCH-
GEBACKENE
Mamis

KNAUR
BALANCE

Besuchen Sie uns im Internet:
www.knaur-balance.de

Text und Konzeption: Lisa Bitzer, vertreten durch Agentur Brauer
Hebammentipps: Janis Schedlich
Rezepte: Ulla Killing
Redaktion: Anke Schenker
Covergestaltung: Karin Etzold // Grafik + Illustration, München
Coverabbildung: Maria & Linda Fotografie
Innenteilabbildungen:
Fotos von Dan Zoubek: S. 5, 7, 8, 46, 47, 50, 62, 72, 82, 83, 98, 103 (rechts), 104, 116, 117, 120,
122, 123, 124, 126, 127, 128, 129, 130, 131, 132, 134, 135, 136, 137, 138, 139, 140, 142, 143,
144, 145, 146, 147, 148, 149, 150, 151, 152, 153, 156, 159
Maria und Linda Fotografie: S. 17, 45, 86, 89, 92, 108
privat: S. 6, 14, 15, 17 (links), 18 (groß), 22, 26, 28, 31, 39, 41, 51, 63, 73, 84, 92, 97, 103 (links)
Shutterstock.com: S. 17 (rechts), 18 (Einklinker), 22, 31, 39, 45, 53, 54, 55, 56, 58, 60, 61, 65,
67, 68, 69, 71, 75, 77, 78, 79, 81, 90, 91, 93, 94, 95, 99, 100, 101, 105, 106, 107, 112, 113, 114,
115, 125, 139, 149
Schmuckelemente und Illustrationen von Karin Etzold
Satz: Karin Etzold // Grafik + Illustration, München
Druck und Bindung: Firmengruppe Appl, aprinta druck, Wemding
ISBN 978-3-426-67575-5

5 4 3 2 1

Vorwort

Liebe Mami,

ich beginne mit einem Geständnis: Das Mamisein meiner Traumwelt und das Mamisein in der Realität hatten anfangs nur wenig miteinander zu tun. Als mein Freund und ich beschlossen, dass wir Eltern werden wollten, konnte ich es fast nicht erwarten, mein Baby bald schon in den Armen zu halten. Ich stellte es mir in den schillerndsten Farben vor, wie es sich anfühlte, Mama zu sein. Harmonie, Glücksgefühle und eine noch nie empfundene unendliche Liebe – in meinem Kopf lief ein zuweilen doch etwas kitschiger Film ab. Meine Erwartungen an das Mamisein waren dementsprechend hoch. Immerhin hatte ich Freundinnen schon dabei beobachtet, wie sie Mutter wurden, hatte Geburtsberichte gehört, Bücher gelesen. Ich hatte das Gefühl, die am besten vorbereitete zukünftige Mutter überhaupt zu sein!

Doch das Leben kann man nicht planen – und mit Kindern sowieso nicht. Das heißt, man kann es natürlich versuchen, aber es bringt nicht besonders viel. Im Prinzip fängt das schon bei der Zeugung an. Ich war mir damals sicher, sobald mein Freund Jens und ich die Verhütung weglassen, würde ich schneller schwanger werden, als ich gucken kann. Aber es wollte einfach nicht klappen, sosehr ich es mir auch wünschte. In der Zwischenzeit stieg ich aus der Serie »Alles was zählt« aus, in der ich die Pia Koch gespielt hatte, und konzentrierte mich auf neue Jobs. Eigentlich hatte ich geplant, zu diesem Zeitpunkt schon längst schwanger zu sein. Aber wie sang John Lennon einst?

> LEBEN IST DAS, WAS PASSIERT, WÄHREND DU EIFRIG DABEI BIST, ANDERE PLÄNE ZU MACHEN.

Es dauerte fast anderthalb Jahre, bis ich endlich die zwei blauen Streifen auf dem Schwangerschaftstest erblicken durfte. Ich genoss es, in den kommenden Monaten meinem Körper bei der Veränderung zuzusehen. Je näher die Geburt rückte, desto häufiger wurde ich gefragt, ob ich Angst vor der Niederkunft habe. Hatte ich nicht. Ich machte mir gar nicht so viele Gedanken über die Geburt. Ich dachte mir: *Ich bin eine Frau. Frauen kriegen Kinder. Und irgendwie kommt das Baby schon raus.* Ich war mir auch sicher, keine Schmerzmittel oder PDA haben zu wollen. *Ich schaff das schon*, dachte ich. *Ich atme die Wehen einfach weg.*

Von wegen. Ich konnte ja nicht ahnen, dass die so stark sein können! Wenn ich vorher gewusst hätte, welche Höllenschmerzen da auf einen zukommen, hätte ich den Mund vermutlich nicht so voll genommen und mich sehr viel mehr vor der Geburt gefürchtet.

Sei's drum – am Ende wurde Ella mit einem Kaiserschnitt geboren. Das war meine erste Lektion in Sachen Mamisein: Du kannst so viel planen, wie du willst, am Ende kommt es sowieso vollkommen anders.

> DER TAG DER GEBURT DEINES KINDES
> ›› → IST DAS EINZIGE BLIND DATE, BEI DEM DU DIR SICHER SEIN KANNST, ← ‹‹·
> DER LIEBE DEINES LEBENS ZU BEGEGNEN.

Zuerst war ich zwar ein wenig enttäuscht, dass mein Baby per Kaiserschnitt auf die Welt kam, aber natürlich glücklich, dass das Leid endlich ein Ende hatte. Dachte ich zumindest damals. Ich war ja so naiv … Denn wie groß der Eingriff tatsächlich ist, hatte ich komplett unterschätzt. Da es den Kaiserschnitt in meiner Vorstellung nicht gab, hatte ich mich auch gar nicht weiter mit ihm beschäftigt. Mir war also gar nicht klar, dass ich in den ersten Tagen danach kaum in der Lage sein würde, das Bett zu verlassen, weil mir die schmerzenden Operationsnarben beinahe das Bewusstsein raubten.

Am zweiten Tag kam die Krankenschwester in mein Zimmer und sagte: »So, Frau Horn! Heute stehen wir mal auf und laufen vom Bett bis zur Toilette.« Ich betrachtete die vier Meter und erwiderte im Brustton der Überzeugung: »Alles klar. Gar kein Problem.« Dann versuchte ich, mich aufzurichten – und verspürte einen Schmerz, der mir fast den Atem nahm. Die Schwester wartete neben dem Bett und sah mich auffordernd an. »Das wird schon. Wir versuchen es gleich noch einmal.«

Ich beugte mich ein zweites Mal nach vorn, um Schwung zu holen und die Beine aus dem Bett zu hieven. Doch kaum saß ich auf der Kante der Matratze, wurde mir so schwindelig und der Schmerz so heftig, dass ich das Gesicht verzog und zu jammern anfing. Irgendwann hatte die Krankenschwester ein Einsehen und ließ mich in Ruhe. Sie war zwar von eher robuster Natur, hatte aber offenbar begriffen, dass ich einfach noch nicht so weit war.

Auch die Tage danach waren nur anstrengend. Die Hormone fluteten meinen Körper, ich war im siebten Himmel, weil verliebt in dieses kleine Wesen, unsere Tochter – und dennoch konnte ich kaum glauben, wie schlecht es mir körperlich ging.

Aber das war noch nicht der Höhepunkt, denn kaum dass wir entlassen wurden und nach Hause durften, ging der Spaß erst richtig los. Hier war niemand mehr, der mir dreimal am Tag Essen vor die Nase stellte und alles für mich übernahm, was ich nicht schaffte. Die ersten Wochen mit einem so kleinen Baby sind so intensiv! Ich bekam wenig Schlaf, meine Hormone fuhren Achterbahn, ich weinte andauernd. Oft zusammen mit Ella, wenn ich nicht wusste, was sie brauchte, und am Rand der Verzweiflung taumelte.

Natürlich hatte mir meine Hebamme im Vorfeld gesagt: »Es heißt Wochenbett, weil man diese Wochen im Bett verbringen sollte. Also schon dich und mach mal langsam.« In der Theorie hörte sich das ganz wunderbar an, aber die Praxis sah natürlich anders aus. Denn nach ein paar Tagen zu Hause wurde ich, egal wie erschöpft und kaputt ich war, hibbelig und hatte das Gefühl, etwas machen zu müssen. Und zwar mehr als nur mein Kind versorgen und mir ab und zu mal die Haare waschen. Statt also die Momente, in denen Ella schlief, für eine Auszeit auf dem Sofa zu nutzen oder etwas nur für mich zu tun, begann ich Dinge zu erledigen. Ich lief herum, räumte auf, kümmerte mich wieder um meinen YouTube-Channel »The Isi Life« … und übernahm mich total. Die Narbe tat andauernd weh und verheilte schlecht, noch dazu ging es beim Stillen steil bergab. Doch ich konnte nicht Ruhe geben! Als wollte ich mir und der Welt beweisen: *Ich hab gerade ein Kind bekommen, na und? Seht her, ich bin Super-Isa! Ich kann alles.*

⋙⟶ ICH BIN MAMI. UND WAS SIND DEINE SUPERKRÄFTE? ⟵⋘

Bald schon war ich vollkommen ausgelaugt und fertig. Klar, ich hatte vorher gewusst, dass es anstrengend werden würde. Aber es ist eine vollkommen andere Sache, davon zu reden, als plötzlich mittendrin zu stecken. Ich fühlte mich nach ein paar Wochen total überfordert und fragte mich andauernd, ob ich es falsch oder richtig machte. Konnte ich als Mutter jetzt schon versagen? Und vielleicht sogar meinem Baby damit schaden, das ich doch liebte wie verrückt? Ich hatte fürchterliche Angst zu versagen und fühlte mich schlecht, weil mir alle immer nur von der wunderbaren Zeit des gemeinsamen Kennenlernens und Aufeinander-Einspielens erzählt hatten. Niemand hatte mir gesagt: *Isa, das kann auch richtig scheiße werden. Du wirst nicht nur an deine Grenzen kommen, du gehst auch darüber hinaus.*

Zugegeben, hätte mir das jemand vor der Geburt gesagt, dann hätte ich vermutlich abgewunken und mir meinen Teil dabei gedacht. Vielleicht wäre ich aber nicht so total unvorbereitet in diese Phase des Mamiseins hineingeschlittert. Zu wissen, dass es ganz normal ist, gerade in den ersten Wochen an seinem Verstand, an sich selbst und besonders an der Entscheidung zu (ver)zweifeln, unbedingt Mutter sein zu wollen, erleichtert mich heute sehr. Ich weiß mittlerweile, dass ich nicht die Einzige bin, die in den Anfangsmonaten nach der Geburt des ersten Kindes wahnsinnig zu kämpfen hatte.

ICH BIN NICHT DAZU DA, PERFEKT ZU SEIN.
ICH BIN DAZU DA, UM DA ZU SEIN.

Auch heute habe ich noch diese Momente, in denen ich nicht weiß, ob ich eine gute Mama bin. Aber sie werden seltener – und das macht mich stark. Ich weiß: Es gibt kein Richtig oder Falsch. Es gibt nur richtig oder anders. Außerdem hilft es, dass Ella immer selbstständiger wird und sich zu einem gesunden kleinen Mädchen entwickelt. Es wird leichter mit jedem Tag, denn jeder Tag ist ein weiterer Tag, in dem ich Erfahrungen als Mami gesammelt habe.

Ich glaube mittlerweile, dass vor allem Gelassenheit gute Mütter aus uns macht. Blöderweise ist gelassen bleiben das absolut Schwierigste am Mamisein. Es gibt immer noch viel zu viele Situationen, in denen ich nicht weiß, ob ich mich richtig verhalte. Tue ich Ella gerade etwas Gutes oder nicht? Wie machen das andere? Und immer wieder die Frage: Bin ich eine gute Mutter?

Ich glaube, du wirst mir zustimmen, wenn ich sage: Eine Mutter, die ihr Kind liebt und es voller Vertrauen und positiver Unterstützung aufwachsen lässt, kann gar keine schlechte Mutter sein. Daher sollten wir Mamis uns viel mehr zutrauen. Instinktiv und intuitiv machen wir so vieles richtig, aber dann kommen die Außenwelt, die Medien und die anderen Mütter, und alle laden ihre Ansprüche auf uns ab. Wir fühlen uns erdrückt und werden zunehmend unsicher. Dabei wissen wir doch eigentlich am besten, was für unsere Mäuse gut ist!

HINTER JEDEM GROSSARTIGEN KIND STEHT EINE MUTTER,
DIE SICH ZIEMLICH SICHER IST, ALLES FALSCH ZU MACHEN.

Bleib gelassen. Hör auf dein Bauchgefühl! Und mach dir keinen Stress, wenn etwas mal nicht klappt. Dein Baby kann noch nicht krabbeln, obwohl alle anderen es schon tun? Vielleicht ist es ein Spätzünder. Deine Kleine will ein halbes Jahr vor allen anderen Brei haben und keine Flasche mehr? Dann gib ihr, was sie braucht. Ich bin der Meinung, wenn du das tust, was du für das Richtige hältst, und siehst, dass es deinem Schatz dabei gut geht, kann es gar nicht falsch sein.

Es ist vollkommen normal, Selbstzweifel zu haben – denn mit dem Baby wird keine Anleitung geliefert, wie man es ordnungsgemäß erzieht. Alle wissen offenbar, was eine »gute« Mutter ist, doch keiner kann es richtig erklären. Und warum? Weil es die »gute« Mutter gar nicht gibt. Jede Mami ist anders, genau wie ihre Kinder. Und jede Frau geht unterschiedlich mit dem Stress um, der die Mutterschaft zwangsläufig begleitet. Leider wird in unserer Gesellschaft viel zu selten thematisiert, wie anstrengend und entbehrungsreich es sein kann, Mama zu sein. Das war natürlich auch schon vor einhundert Jahren so – wenn nicht sogar noch anstrengender –, doch heutzutage werden in den Medien nur superglückliche, superschlanke und supertolle Übermuttis gezeigt, die jede Minute ihres Lebens zu genießen scheinen und niemals am Ende ihrer Kräfte sind. Das macht es Frauen wie mir und Frauen wie dir so schwer zuzugeben, dass wir auch mal verzweifelt sind.

Und dabei will man ja immer alles gut machen! Mir kommt es jedoch manchmal so vor, dass man umso heftiger scheitert, je mehr man es versucht. Kaum denkt man: *Jetzt hab ich den Dreh raus!*, passiert wieder etwas Neues, und man fängt von vorn an. Wenigstens bei mir fühlt sich das so an. Gerade haben Ella und ich eine neue Routine beim Einschlafen gefunden – zack!, hat sie einen Wachstumsschub und ist den ganzen Tag quengelig.

Gelassenheit ist die wichtigste Fähigkeit, die ich mir angeeignet habe, seitdem meine Tochter auf der Welt ist. Ich habe in den vergangenen Monaten gelernt, dass es Dinge gibt, die ich einfach nicht ändern kann. Mittlerweile gelingt es mir immer öfter, nicht in heillose Panik zu verfallen, wenn etwas Unerwartetes, Unerwünschtes oder Überraschendes passiert. So ist das eben, das Leben mit Kind! Nicht planbar.

Ich hoffe, dass dir mein Buch in den ersten zwölf Monaten mit deinem Kind ein guter Ratgeber und Begleiter ist. Viel Spaß beim Lesen wünscht dir

Isabell

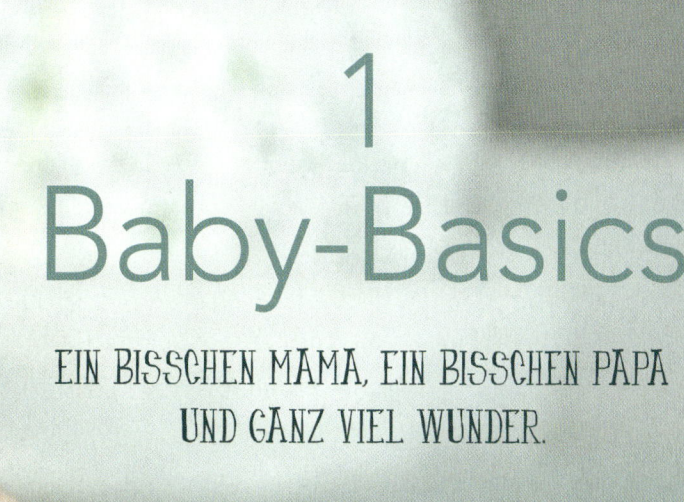

1
Baby-Basics

EIN BISSCHEN MAMA, EIN BISSCHEN PAPA
UND GANZ VIEL WUNDER.

Keine Frage: Das erste Lebensjahr ist eines der anstrengendsten. (Na gut, Ella ist noch nicht in der Pubertät – vielleicht sprechen wir uns in ein paar Jahren noch mal …) Am Anfang ist da dieser winzig kleine Säugling, der gerade mal die Brust suchen und einen Finger halten kann. Doch dann geht es rasend schnell. Das erste Lächeln, Gegenstände erkennen und greifen, Dinge in den Mund stecken, Stimmen und Gesichter erkennen, Krabbelversuche, Brabbellaute, Sitzen, Robben und die ersten wackligen Schritte. Als Eltern ist man fassungslos, wie schnell die ersten zwölf Monate an einem vorbeirauschen. Und plötzlich sitzt da diese Einjährige im Stühlchen am Tisch und schwingt den Löffel, während sie den Brei in der ganzen Küche verteilt.

Es verwundert kaum, dass gerade dieses erste Lebensjahr von so großer Bedeutung ist, immerhin lernen unsere Mäuse in so kurzer Zeit so viel – noch dazu so Elementares. Und auch als Mama hat man alle Hände voll zu tun und lernt jeden Tag etwas Neues dazu: was dein Baby mag und was es nicht leiden kann, bei welcher Melodie es gut einschläft, welche Nahrung ihm bekommt und welche nicht. Da so kleine Menschen noch nicht in der Lage sind, ihre Bedürfnisse zu äußern, bleibt den Eltern nichts weiter übrig, als nach dem Prinzip »Trial and Error« vorzugehen. Doch meist währt das Glück nicht lang, selbst wenn man meint, das totsichere Mittel gefunden zu haben, mit dem die lieben Kleinen am Abend einschlafen. Denn nur einen Wachstumsschub später sieht die Welt schon wieder ganz anders aus, und das Spiel beginnt von vorn.

Die gute Nachricht ist: Das erste Jahr mag zwar unermesslich anstrengend sein, es ist aber auch wahnsinnig intensiv und schön. Als Frau erlebt man sich in einer vollkommen neuen Rolle. Man wird gebraucht wie nie zuvor und vermutlich nie wieder danach im Leben. Ein anderes Lebewesen hängt sprichwörtlich an deinem Rockzipfel. Das ist ein schönes, zuweilen aber auch beängstigendes Gefühl. Schließlich kann man so wahnsinnig viel falsch machen – zumindest denkt man das.

Im folgenden Kapitel will ich dir von meinen Erfahrungen berichten, die ich im ersten Jahr mit Ella gemacht habe. Meine wunderbare Hebamme Janis hat einige zusätzliche Tipps und Tricks für dich, die dir hoffentlich ein paar Unsicherheiten nehmen und dich in deinem Tun bestärken. Du bist jetzt Mama – und das ohne jede Ausbildung oder Anleitung, ohne jede Einführung oder Erklärung, ohne jedes Zertifikat oder Zeugnis. Selbst wenn du dich noch so gut vorbereitet hast, es wird immer wieder Phasen geben, in denen du nicht weiterweißt oder verzweifelst. Aber das ist okay! Denn niemand weiß auf Anhieb, wie Mamasein geht. Man wächst da hinein wie in alles andere auch. Und wenn du doch mal eine Frage hast, die dir dieses Buch oder deine Freundinnen mit Kindern nicht beantworten können, dann ruf doch einfach noch mal deine Hebamme an. Die hilft dir sicher und beantwortet dir all deine Fragen.

Das Wichtigste ist, dass du weißt: Du bist nicht allein. Es gab schon Mütter vor dir, und es wird auch nach dir welche geben. Sie alle hadern von Zeit zu Zeit mit sich. Aber wie heißt es so schön?

WENN EIN KIND IN DEIN LEBEN KOMMT, IST ES, AN DER ZEIT ZU LERNEN, NICHT ZU LEHREN.

Stillen – gute Zeiten, schlechte Zeiten

Ganz ehrlich? Ich dachte früher immer: *Stillen kann doch jeder. Das ist ein Reflex, ein Instinkt – wie kann man das nicht können?* Ich lernte schon bald, dass es auch anders sein kann.

Während meiner Schwangerschaft habe ich mich aufs Stillen vorbereitet, also Tipps von meiner Hebamme geholt, Bücher zum Thema gelesen und mit anderen Müttern gesprochen. Ich freute mich darauf, weil ich das Gefühl hatte, dass beim Stillen nichts schiefgehen könne.

Direkt nach der Geburt wurde mir die kleine Ella auf den Oberkörper gelegt, und als ich ihr kurz darauf die Brust anbot, fand sie sie sofort und fing an zu trinken. Ich fühlte mich großartig! Zwar war die Niederkunft komplett anders verlaufen, als ich es mir in meinen Träumen immer ausgemalt hatte, aber das Stillen klappte auf Anhieb. *Super*, dachte ich. *Das kann ich jetzt für ein paar Monate machen, denn das läuft ja wie am Schnürchen.*

Nach der Geburt verlieren Babys an Gewicht – das ist vollkommen normal, denn sie scheiden zuerst einmal mehr aus, als sie aufnehmen können, selbst wenn sie so ein Vielfraß wie Ella sind. Doch schon nach ein paar Tagen nimmt das Kind wieder zu, etwa 30 Gramm pro Tag, Stillkinder sogar etwas mehr. Auch meine Kleine hatte bald schon wieder ihr Geburtsgewicht erreicht. Und auch mir ging es richtig gut. Meine Brustwarzen waren zwar ein wenig entzündet, aber ich hatte keinen Milchstau, immer genug Milch, um Ella satt zu bekommen, und fand das Stillen selbst auch richtig schön und intim.

Dann kam der richtige Milcheinschuss. In den Tagen nach der Geburt stillt man zwar schon, die Milch ist aber noch nicht besonders nahrhaft, weil sich der Körper erst von der Niederkunft erholen muss. Doch schließlich ging es los – und zwar richtig. Ich hatte das Gefühl, dass mir der Busen platzt. Meine Brüste waren schwer, prall und warm, und sie schmerzten. Zusätzlich zu meiner Kaiserschnittwunde tat jetzt also auch noch mein Oberkörper weh. Trotzdem stillte ich Ella weiter, bis sie eines Tages an der Brust zu schreien anfing – und schrie und schrie und schrie – und einfach nicht mehr aufhörte.

Es war etwa zwei Wochen nach der Entbindung. Zuerst dachte ich, dass Ella vielleicht einfach einen schlechten Tag hätte. Oder Bauchschmerzen. Schlecht geschlafen. Oder schon einen Wachstumsschub? Das Problem bei Säuglingen ist ja, dass sie überhaupt nicht äußern können, wo der Schuh drückt. Leider ging es so schlecht weiter. Jedes Mal, wenn ich meine Süße an die Brust anlegte, fing sie fürchterlich an zu weinen. Ich war verzweifelt. Meine Hebamme war im Urlaub, und ich wusste nicht, wen ich fragen sollte. Im Krankenhaus gab es eine Stillberatung, aber natürlich war die komplett ausgebucht.

Wir hatten eine fürchterliche Woche. Als Janis, meine Hebamme, endlich wieder aus dem Urlaub zurückkam, meinte sie: »Ich glaube, du hast zu wenig Milch, und die Kleine wird nicht satt. Deswegen schreit sie immer, wenn du sie anlegst, und will trotzdem ständig an die Brust. Sie hat Hunger.«

Sie empfahl mir, eine Milchpumpe zu kaufen und Milch abzupumpen, damit wir ihre Vermutung überprüfen konnten. Jede Frau, die schon einmal eine solche Pumpe benutzt hat, weiß, dass man sich in diesem Moment wirklich wie eine Milchkuh vorkommt. Es ist unbeschreiblich, wie verkehrt und falsch es sich anfühlt, diese riesigen Plastiksaugnäpfe auf den Busen zu drücken und den Motor des Gerätes einzuschalten.

Glücklicherweise musste ich das Prozedere nicht so häufig über mich ergehen lassen, denn schon nach kurzer Zeit war klar, dass meine Hebamme recht hatte. Obwohl ich an beiden Brüsten parallel abpumpte, war nur eine kleine Pfütze im Auffangbehälter. Ich hatte zu wenig Milch. Warum? Vermutlich wegen dem Stress. Gerade in den ersten Wochen musste ich mich dank Schlafentzug, Dauermüdigkeit und Totalüberforderung wirklich dazu zwingen, irgendetwas zu essen. Ich verlor sehr schnell an Gewicht – viel zu schnell. Am Ende der Schwangerschaft hatte ich 18 Kilo mehr als vorher gehabt, doch schon zehn Wochen nach der Geburt war ich fast wieder bei meinem Ausgangsgewicht angekommen. Mein Körper war im Ausnahmezustand – und verweigerte die Milchproduktion.

Man kann niemanden zu seinem Glück zwingen, dachte ich und gab mich damit zufrieden, dass Ella eben ein Flaschenkind werden würde. Meine Mutter hatte mich auch nur zwei Tage gestillt, und ich habe keine Krankheiten oder Allergien und halte mich im Großen und Ganzen für relativ gut geraten.

Ich besorgte Milchpulver und gab ihr die Flasche – und schon nach dem ersten Fläschchen schlief sie ruhig und ganz entspannt ein. Was für eine Erleichterung! Daran hatte es gelegen. Ella-Maus, mein kleiner Nimmersatt, hatte Hunger, weil ich nicht genug Milch hatte. Wir waren so froh, dass wir endlich wussten, was los war. Denn auch dass Ella krank war, hatten wir nicht ausschließen können. Nun war unser Baby happy und wir erst recht.

Trotzdem beschlich mich in den kommenden Wochen oft das Gefühl, dass ich keine gute Mutter sei. *Die perfekte Mami*, dachte ich oft, *die kann stillen. Die kriegt ihr Kind satt.* Wenn es mir nicht gelang, konnte ich doch eigentlich keine gute Mama sein, oder? Vor allem in der Öffentlichkeit fühlte ich mich oft unwohl, wenn ich meiner kleinen Maus die Flasche gab. Alle konnten ja sehen, wie klein sie noch war. Ich spürte die Blicke auf mir ruhen, Blicke, die genau das sagten, was mir durch den Kopf geisterte. Am liebsten hätte ich mir in dieser Zeit ein T-Shirt angezogen, auf dem in Großbuchstaben steht: ICH WÜRDE JA GERN STILLEN, ABER ICH KANN NICHT, VERDAMMT NOCH MAL!

Heute sehe ich das alles viel entspannter, und bei meinem zweiten Kind würde ich mich wegen des Stillens nicht mehr so verrückt machen. Es kann auch sein, dass es dann besser läuft. Aber mittlerweile weiß ich ja, dass Ella gesund und putzmunter ist, auch wenn sie nur zwei Wochen von mir gestillt wurde. Und ganz im Ernst, wenn Stillen mit einem derartigen Stress verbunden ist, *kann* es gar nicht gut fürs Baby sein – und für die Mami erst recht nicht. Daher gilt auch hier: Gelassenheit, Mädels! Es kommt, wie es kommt, und manchmal kommt eben gar keine Milch.

HEBAMMEN-TIPP

ERNÄHRUNG IN DER STILLZEIT

Viele Frauen fragen sich, was sie in der Stillzeit essen dürfen. Das Wichtigste: Ernähre dich ausgewogen und vielfältig! Halte keine Diät und verzichte nicht auf bestimmte Lebensmittel, denn das ist die beste Allergieprophylaxe für dein Baby. Iss in der Stillzeit, was du auch sonst gut verträgst. Sogar Zwiebeln, Knoblauch, Kohlgemüse und Gewürze kannst du zu dir nehmen. Wenn du davon Blähungen bekommst, so betrifft das lediglich dein Wohlbefinden. Die Gase in deinem Darm können nicht in die Muttermilch gelangen.

Ein Bett für die ganze Familie

Es scheiden sich ja die Geister an der Frage, ob man Kinder bei sich im Bett schlafen lassen soll oder nicht. Dafür spricht, dass man auch nachts nah bei ihnen sein kann und gerade dann, wenn man noch stillt, nicht aufstehen muss, sondern sogar im Halbschlaf die Brust geben kann. Dagegen spricht, dass man als Paar natürlich viel weniger Raum hat – was nicht zuletzt auch für die Zeugung eines Brüderchens oder Schwesterchens schwierig werden könnte. Außerdem ist vor allem bei Neugeborenen die Gefahr des plötzlichen Kindstodes sehr hoch, wenn das Baby im Bett der Eltern schläft.

Für Ella haben wir damals ein Beistellbettchen besorgt, das sich direkt an meine Bettseite stellen ließ. Superpraktisch für die Zeit, in der ich noch stillte, und auch für die Monate danach. Denn manchmal, wenn sie unruhig wurde oder aufwachte, genügte es, einfach meine Hand auszustrecken und ihr behutsam den Rücken zu streicheln – und schwups war die kleine Maus wieder eingeschlafen. Dennoch konnten mein Freund und ich miteinander kuscheln und schmusen, ohne dass wir Angst haben mussten, Ella unter uns zu begraben.

VERHÜTUNG NACH DER GEBURT

Nach der Entbindung hat man ungefähr sechs bis acht Wochen eine Blutung, das ist der sogenannte Wochenfluss. Danach ist es üblich, den Frauenarzt zur Nachuntersuchung aufzusuchen. Ab wann der Menstruationszyklus wieder ganz normal ist, hängt davon ab, ob du stillst oder nicht. Bei Frauen, die nicht stillen, setzt die erste Regelblutung relativ bald nach dem Ende des Wochenflusses ein. Damit findet auch wieder ein ganz normaler Eisprung statt – und du kannst erneut schwanger werden.

Doch auch wenn du deinem Baby die Brust gibst: Stillen verhindert den Eisprung nicht. Durch die Ausschüttung des Stillhormons Prolaktin ist das Östrogen in der Stillzeit zwar niedrig, und es kann sein, dass du einige Monate keine Menstruationsblutung hast, trotzdem solltest du verhüten. Den Eisprung kannst du nämlich auch ohne Blutung haben.

Verhüten könntest du beispielsweise mit der Spirale, die bis zu fünf Jahre eingesetzt bleiben kann. Mittlerweile gibt es Spiralen, die mit sehr wenigen Hormonen auskommen. Sie reduzieren häufig die Regelblutung, manchmal bleibt sie auch komplett aus. Die Spirale belastet hormonell deutlich weniger als die Pille, außerdem wird der Eisprung nicht unterdrückt. Wenn du die Spirale entfernen lässt, kannst du theoretisch gleich wieder schwanger werden und musst nicht – wie bei der Pille – darauf warten, dass sich dein Zyklus normalisiert.

Alternative Methoden wie beispielsweise die Beobachtung des Zervix-Schleims oder Temperaturmessung sind in der Stillzeit nicht zu empfehlen. Dafür hast du einen viel zu unregelmäßigen Tages- und Nachtablauf, außerdem verändert das Stillen die Hormonlage. Die Minipille ist eine weitere Verhütungsmethode. Allerdings muss diese täglich zur gleichen Zeit eingenommen werden, da sie sonst nicht sicher wirkt. Genau wie bei der Drei-Monats-Spritze gehen die Hormone außerdem auf die Muttermilch über – zwar in sehr geringer Menge, trotzdem kann dies die Milchproduktion negativ beeinflussen.

In der Stillzeit ist es am einfachsten und am sichersten, Kondome zu verwenden. Jedoch klagen viele Frauen nach der Geburt über ein zu trockenes Scheidenmilieu, was durch Kondome noch begünstigt werden kann. Deshalb bieten sich verschiedene Gleitgels an, die du am besten in der Apotheke kaufst.

Wachstumsschübe

Der Moment, wenn man als Mami zum ersten Mal sein Kind in den Arm gelegt bekommt, ist unbeschreiblich. Die Gefühle überwältigen einen – und die Erleichterung, dass die Geburt nun endlich vorbei ist. Nach den ersten Stunden und Tagen, die wie im Rausch vergehen, ist man dann meist ziemlich beeindruckt von diesem perfekten kleinen Menschen, den man auf die Welt gebracht hat. Alles ist so winzig! Die Ohren oder die Nase oder erst die Fingernägel. Verglichen mit einem Erwachsenen sieht ein Säugling aus wie dessen Miniaturausgabe.

Und dann, drei Monate später? Da wundert man sich, wenn man seinen Schatz von der Krabbeldecke hochheben will und plötzlich einen stechenden Schmerz im Rücken spürt. *Wann ist mein Baby so schwer geworden?*, habe ich mich nicht nur einmal gefragt.

Tatsächlich wächst der Mensch nie wieder so schnell wie in seinem ersten Jahr auf der Welt. Es heißt oft, dass Kinder während eines solchen Wachstumsschubs, der alle paar Wochen ansteht, Schmerzen haben. Das ist wissenschaftlich aber nicht belegt. Fakt ist jedoch, dass Babys in dieser Zeit oft unruhiger und anhänglicher sind als sonst – oder genau umgekehrt, schläfriger und selbstständiger.

Das erste Mal habe ich nach etwa acht Wochen bemerkt, dass sich meine Süße verändert. Dank der tollen App »Oje, ich wachse« wusste ich, dass uns demnächst einige unruhige Zeiten bevorstehen würden – doch zwei Wochen später war ich ganz entspannt. Denn außer dass Ella ein bisschen schlechter einschlief als sonst, was normalerweise ganz hervorragend funktionierte, kamen wir sehr gnädig durch diese erste Phase des Wachstums.

Doch dann kam der dritte Monat, und der traf uns mit voller Wucht. Da die ersten Monate so wunderbar gelaufen waren, dachte ich, wir hätten das Schlimmste hinter uns – Pustekuchen! Ella schlitterte mit Karacho in einen Wachstumsschub hinein, was bedeutete, dass sie mehrmals in der Nacht wach wurde und kaum wieder zu beruhigen war. Auch das Trinken lief nicht mehr gut. Es war, als hätte Ella von einem Tag auf den anderen an allem etwas auszusetzen. Denn auch tagsüber war sie unruhig und forderte meine ganze Aufmerksamkeit. Dabei war ich zum Umfallen müde, gefrustet und mit den Nerven am Ende.

Was mich besonders hart traf: Mein Freund war ausgerechnet in dieser Woche, in der es mit Ella richtig zur Sache ging, nicht in Berlin. Wir hatten gerade damit angefangen, uns die Nächte zu teilen. Mindestens zwei Nächte in der Woche übernahm Jens die Nachtschicht, brachte Ella allein ins Bett und stand nachts auf, wenn sie Hunger bekam. So konnte ich mal wieder ganze Nächte durchschlafen und merkte deutlich, wie sich meine Akkus wieder aufluden. Nun ja – bis zu diesem Wachstumsschub. Der forderte von mir wirklich alles und brachte mich bis an meine persönliche Belastungsgrenze. Ich liebe Ella über alles, doch zu diesem Zeitpunkt wusste ich einfach nicht mehr weiter. Ich war so unendlich müde, reizbar, genervt und verzweifelt.

Aber wie heißt es so schön: Nach Regen kommt Sonne. Der US-amerikanische Rapper Tupac sang einst in einem Song: »Wenn du die Nacht überstehst, wartet ein heller Tag auf dich.« Ich gebe zu, manchmal fiel es mir nach unfreiwillig durchzechter Nacht wirklich schwer, irgendwie durch den Tag zu kommen. Doch auch diese Woche ging vorbei – selbst wenn ich heute nicht mehr weiß, wie. Jens kam nach Hause, ich drückte ihm seine Tochter in den Arm und legte mich ins Bett. Als ich ein paar Stunden später wieder wach wurde und ins Wohnzimmer kam, saß da mein Freund mit der selig schlafenden Ella auf dem Arm im Lesesessel. Wir waren über den Berg – und endlich wieder zu zweit als Eltern, sodass wir uns die Aufgaben wieder teilen konnten.

HEBAMMEN-TIPP

UNRUHE UND SCHREISTUNDEN

Babys lernen und wachsen im ersten Lebensjahr enorm. Je mehr dein Baby von seiner Umwelt mitbekommt, desto mehr hat es zu verarbeiten. Das passiert in den sogenannten Schreistunden. Diese sind meist abends zwischen 18 und 22 Uhr. Vielleicht bahnt sich das Ganze auch schon etwas früher, ab Nachmittag, an. Die Trinkabstände werden kürzer. Dein Kind will nicht mehr abgelegt werden und fühlt sich insgesamt unwohl. Es fängt an zu schreien. Du gibst die Brust, die Flasche oder den Schnuller, und nach einigen Momenten schläft es ein. Kaum legst du dein Kind aber ins Bettchen, dauert es keine zehn Minuten, und es reißt die Arme hoch und weint.

Dein Baby macht das nicht, um dich zu ärgern! Es weint, weil es den Tag verarbeitet und noch nicht darüber sprechen kann. Nimm es fest in den Arm und sorge für eine reizarme Atmosphäre. Warte ab, bis es nicht mehr »aggressiv« schreit. Wird das Weinen ruhiger und jammernder, helfen vielleicht wieder die Brust, der Schnuller oder das Fläschchen. Schreistunden dauern zwischen zehn Minuten und zwei Stunden. Jedes Kind hat eine andere Reizschwelle und verarbeitet anders. Diese extremen Verarbeitungsphasen hat dein Kind zwischen dem ersten und fünften Lebensmonat. Sei da, um es zu trösten und zu beruhigen.

Hund, Katze, Maus

In unserer Wohnung wohnen auch zwei Katzen – oder nein, ich sollte eher sagen: In der Wohnung meiner beiden Katzen wohnten bis vor Kurzem auch noch zwei Menschen. Ich und mein Freund. Die Katzen sind natürlich die ungekrönten Königinnen. Und die mögen es gar nicht, wenn man ihnen den Rang abläuft. Insofern war es auch nicht so, dass wir Ella an die Katzen gewöhnen mussten, sondern die Katzen an Ella. Unsere Kleine fand die beiden grauen Stubentiger nämlich von Anfang an toll – nur leider beruhte das nicht auf Gegenseitigkeit. Babygeschrei, Unordnung, fehlende Aufmerksamkeit, weniger Streicheleinheiten … Die Katzen wussten am Anfang gar nicht, wo ihnen der Kopf stand, und waren alles andere als begeistert über den Neuzugang. Am schlimmsten fanden sie, wenn Ella auf der Krabbeldecke lag und versuchte, mit ihren kleinen Patschehändchen nach ihnen zu grapschen.

Aber wie bei allen Dingen heilte die Zeit auch hier alle Wunden. Ich hielt Ella eine Weile von den Katzen fern – auch aus Angst, dass die mal ihre Krallen ausfahren würden, um den neuen Gast, der andauernd brüllte und alle Aufmerksamkeit auf sich zog, auf Distanz zu halten. Nach und nach machte ich die drei dann miteinander bekannt. Mittlerweile wissen meine beiden Schönheiten, dass Ella zur Familie gehört, und sie akzeptieren sie. Dass sie es immer noch nicht toll finden, am Schwanz gezogen zu werden, kann man sich natürlich denken. Ich bin aber der Meinung, dass Kinder lernen müssen, mit Tieren umzugehen. Wir mischen uns immer ein, wenn Ella etwas gröber mit den Stubentigern umgeht, und zeigen ihr, dass man auch behutsam und liebevoll mit Tieren spielen kann. Sie ist noch zu klein, um zu wissen, dass Katzen sich auch schon mal wehren, wenn es ihnen zu bunt wird. Grundsätzlich funktioniert das Zusammenleben aber ganz wunderbar, und ich freue mich, dass meine Kleine mit Tieren aufwächst und schon in so jungen Jahren ein Gefühl für andere Lebewesen entwickeln kann.

Schnulleralarm!

Das Thema Schnuller ist genauso umstritten wie Stillen, Brei und alles andere. Fakt ist: Es gibt kein einfaches Ja oder Nein auf die Frage, ob es gut oder schädlich ist, deinem Kind den Schnuller zu geben.

Eines vorneweg, ich bin ein großer Schnuller-Befürworter, denn Ella schläft mit dem Nucki innerhalb kürzester Zeit ein – und das schont die Nerven von ihr und ihrer Mami. Mir ist natürlich bewusst, dass ich ihr den Schnulli irgendwann auch wieder abgewöhnen muss. Spätestens ab dem dritten Lebensjahr, weil sie sonst schiefe Zähne bekommt. Und eine feste Zahnspange in der Pubertät ist das Letzte, was ich meinem kleinen Mädchen wünsche. Deswegen bin ich der Meinung: Wenn der Schnuller beim Beruhigen und Einschlafen hilft, darf er gern eingesetzt werden. Allerdings gilt wie bei allem anderen auch: Die Dosis macht das Gift. Kinder, die den lieben langen Tag den Nuckel im Mund haben, werden Schwierigkeiten haben (und machen!), ihn sich wieder abzugewöhnen. Daher dosiert einsetzen und genießen, solange es für die Zähne vertretbar ist.

ZAHNEN UND ZAHNPFLEGE

Im Alter von drei Monaten beginnen die meisten Babys zu sabbern, und die Zähne schieben sich ins Zahnfleisch. Mit sechs bis sieben Monaten ist mit dem Zahndurchbruch zu rechnen. Als Erstes kommen die mittleren Zähne im Unterkiefer, dann folgen die beiden Schneidezähne im Oberkiefer. Backenzähne brechen mit 23 bis 26 Monaten durch. Sobald dein Baby ausspucken kann, ist eine fluorierte Kinderzahncreme sinnvoll. Davor genügt das regelmäßige Abreiben der Zähne mit einem sauberen Tuch und das spielerische Erlernen des Umgangs mit der Zahnbürste.

Durchschlafen – wenn die Nacht zum Tag wird

Wie bei allem anderen auch hatte ich mir den Schlafentzug nicht mal halb so heftig vorgestellt, wie er am Ende tatsächlich war. Heute weiß ich: Schlafentzug ist nicht umsonst eine Foltermethode.

Die ersten Wochen mit Klein-Ella waren geprägt vom Chaos des Neubeginns. Alles war neu, alles war anders und musste sich aufeinander einspielen. Da unsere Tochter ein Nimmersatt ist, wollte sie oft in der Nacht trinken, und drei bis vier Mal musste ich nachts eigentlich immer raus. Das war vor allem nach den ersten beiden Wochen eine echte Qual, denn dann musste ich nicht mehr nur meine Brust auspacken und Ella anlegen, nein, dann musste ich aufstehen, eine Flasche zubereiten, Ella füttern, warten, bis das Bäuerchen kam, sie wieder hinlegen, hoffen, dass sie einschlief, und dann selbst versuchen, erneut ins Land der Träume abzutauchen – nur um zwei Stunden später erneut geweckt zu werden.

Wenn es unsere Süße richtig krachen ließ, riss sie mich auch mal jede Stunde aus dem Schlaf, das kam aber zum Glück nicht so oft vor. Außerdem gab es auch Nächte, in denen sie durchschlief. Mit zehn Wochen schon! Ich hatte das berauschende Gefühl, Mutter eines hochbegabten Kindes zu sein, und fühlte mich großartig.

Zugegeben, in der ersten Nacht, in der Ella keine Anstalten machte, sondern wie ein Stein schlief, wachte ich zwei Mal auf, um nach ihr zu sehen. Frei nach dem Motto: *Mütter. Wir können alles. Außer schlafen.* Meine innere Uhr hatte mich geweckt, und ich war ein wenig beunruhigt, weil meine Süße tief und fest träumte und offenbar keinen Hunger hatte. War das normal? War sie gesund? Als mich mein Freund am nächsten Morgen fragte, wie die Nacht gewesen sei, antwortete ich: »Die Kleine hat bis halb sieben durchgepennt, aber ich war zwei Mal wach. Toll, oder?«

HEBAMMEN-TIPP

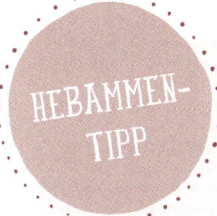

SCHLAFEN FÜR ANFÄNGER

Schlafen ist ein Kinderspiel? Nein, es muss, wie alles andere auch, gelernt werden. Dein Kind hat im ersten Lebensjahr enorme Entwicklungssprünge zu verarbeiten. Das geschieht vor allem nachts, wenn der Körper zur Ruhe kommt und auch sonst nichts Aufregendes passiert. Deshalb werden Babys gerade dann oft wach. Erst ab dem sechsten Lebensmonat kannst du damit rechnen, dass dein Kind regelmäßiger durchschläft.

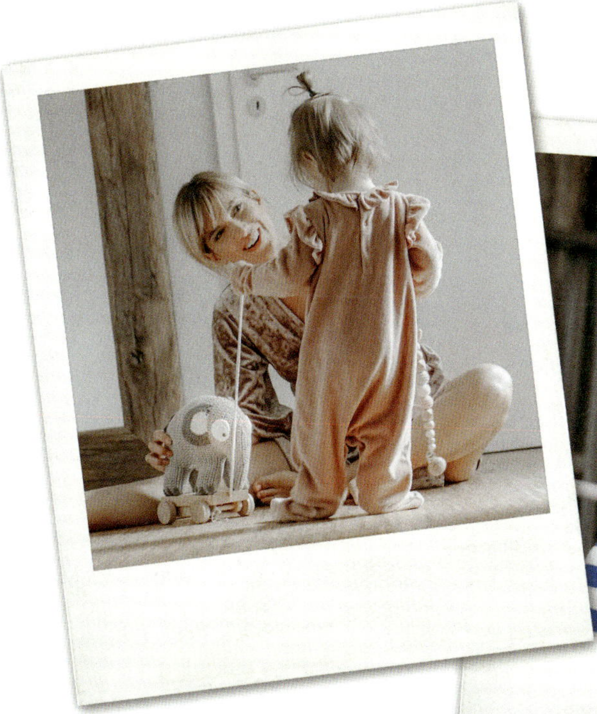

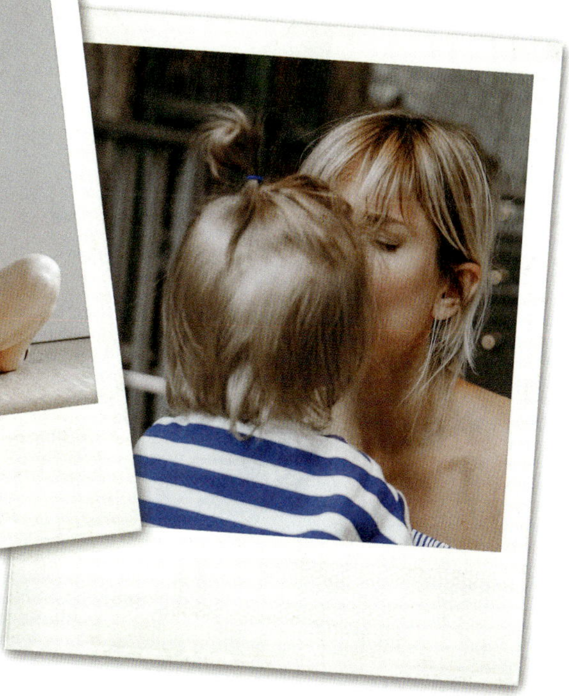

Einschlafhilfen – viel Lärm um nichts

Jede Mami kennt das: Phasenweise klappt es mit dem Einschlafen ganz wunderbar, und dann geht auf einmal alles den Bach runter, und die Kleinen kommen gar nicht mehr zur Ruhe. Manchmal finden Babys den Schalter nicht, der sie ruhig werden lässt. Ihr kleiner Körper ist ja im ständigen Wandel begriffen, also ist es eigentlich nicht verwunderlich, wenn auch das Einschlafen von Zeit zu Zeit schwerer fällt.

Als Ella nach drei Monaten plötzlich nicht mehr richtig einschlafen konnte, ging ich fast die Wände hoch. Ich versuchte alles, sang für sie, puckte sie ein, lag neben ihr, streichelte sie, beruhigte sie, trug sie herum … Nichts half, und ich war am Rande des Wahnsinns.

Ein paar Tage später, Ella lag in ihrem Krabbelstall und spielte mit einem Mobile, beschloss ich, die Gunst der Stunde zu nutzen und rasch die Wohnung durchzusaugen. Als ich fertig war, beugte ich mich über den Stall, um zu sehen, wie es meiner Kleinen ging – und siehe da, sie war eingeschlafen! Zuerst dachte ich, es wäre reiner Zufall, doch als ich mir am kommenden Morgen im Bad die Haare föhnte und Ella in ihrer Trage danebenlag, funktionierte es wieder.

Ich recherchierte im Internet und fand heraus, dass die Geräusche von Geräten wie Staubsaugern, Föhnen oder elektrischen Zahnbürsten dem Blutrauschen in der Gebärmutter nicht unähnlich sind und die Kinder deswegen leichter einschlafen. *Super!*, dachte ich. *Ich kann die Wohnung sauber halten und eigene Körperpflege betreiben und mein Baby schläft leichter ein? Das ist ja wie zwei Fliegen mit einer Klappe schlagen.*

Allerdings wusste ich nicht genau, wie ich meinen neuen Trick unterwegs umsetzen sollte. Ich konnte ja schlecht einen Staubsauger hinter mir herziehen, wenn ich durch den Supermarkt lief oder im Restaurant essen ging und Ella unruhig wurde. Glücklicherweise fand ich im Netz eine App, die solche Geräusche erzeugte, damit man das Baby auf diese Art beruhigen kann.

In den verschiedenen Foren las ich, dass die Methode durchaus umstritten ist. Einige Mütter befürchten, dass sich ihre Kinder an die Geräusche zu sehr gewöhnen und bald nur noch mit laufendem Föhn oder Staubsauger einschlafen können. Ich las die Meinungen und überlegte eine Weile, dann schloss ich mich denjenigen an, die sagten: *Was den Stress für dein Baby und für dich reduziert, kann erst mal nicht schlecht sein.* Und so, wie die schlechte Schlafphase gekommen ist, wird sie auch wieder verschwinden – und damit die Geräuschmacher. Und tatsächlich, nach ein paar Wochen, als der Wachstumsschub endlich ganz überstanden und Ella wieder ruhiger war, brauchte ich nicht mehr die Wohnung zu saugen, um meine Kleine in den Schlaf zu wiegen – seitdem sieht es bei uns auch wieder etwas unordentlicher aus.

HEBAMMEN-TIPP

… UND SCHLAFEN FÜR FORTGESCHRITTENE

In den ersten drei Lebensmonaten brauchen Babys täglich zwischen zehn und zwanzig Stunden Schlaf, der sehr wichtig für die Hirnentwicklung ist. Nach sechs bis acht Wochen entsteht fast immer ein gewisser Rhythmus – doch bis dahin sind jeder Tag und jede Nacht anders. Danach setzt meist eine ruhigere Phase ein.

Im Alter von vier bis zwölf Monaten sind Babys häufig unruhig. Vielleicht wollen sie am Tag nicht viel essen, aber dafür in der Nacht umso öfter. Jedes Kind hat ein anderes Schlafbedürfnis. Und auch Schlafen will gelernt sein. Am Tag ist es laut und hell, nachts dunkel und ruhig. Versuche, dein Kind möglichst wenig schreien zu lassen, und überreize es nicht durch Medien oder zu viele Verabredungen. Lass es aber auch nicht zu früh allein: Kinder brauchen in den ersten drei Monaten Körperkontakt und Geborgenheit, um überhaupt einzuschlafen. Und gerade Babys benötigen jede Menge Nähe, um Sicherheit und Vertrauen zu entwickeln. Man kann sie in dieser Beziehung gar nicht »überverwöhnen«.

Bauch oder Rücken?

Als ich ein Baby war, galt die goldene Regel, dass man Kinder zum Einschlafen immer auf den Bauch legte. Man befürchtete nämlich, dass das Kind in der Rückenlage leicht an seinem eventuell Erbrochenen ersticken könnte. Außerdem fördere das Liegen auf dem Rücken Verformungen des Schädels. Babys haben nämlich Lieblingsseiten, auf die sie den Kopf drehen.

Heute weiß man, dass der plötzliche Kindstod innerhalb des ersten Lebensjahres und die Bauchlage einen direkten Zusammenhang haben, denn seitdem auf Rückenlage umgestellt wurde, gingen die Fälle vom plötzlichen Kindstod merklich zurück. Es wurde darüber hinaus herausgefunden, dass die Gefahr von Ersticken durch Erbrechen in beiden Lagen gleich hoch ist. Und dem Verformen des Schädels kann man entgegenwirken, indem man das Baby im Bett so lagert, dass es die interessanten Dinge nur zu sehen gibt, wenn es den Kopf auf seine nicht favorisierte Seite legt.

Bei Ella war unser Problem, dass sie in Rückenlage nicht einschlafen konnte – es klappte immer nur in der Bauchlage. Also ließen wir sie so einschlafen und drehten sie um, sobald sie tief und selig schlummerte. Am Anfang mit dem Ergebnis, dass sie jedes Mal wieder aufwachte! Das war eine anstrengende Zeit, dennoch ließen wir nicht locker und versuchten es immer wieder in der Rückenlage, denn wir wollten auf keinen Fall etwas riskieren. Sobald Ellalein wach war, durfte sie natürlich in der Bauchlage liegen, da diese Position die Bauch-, Nacken- und Rückenmuskeln stärkt und eine gute Vorbereitung für das Sitzen ist.

Brei oder nicht Brei – das ist hier die Frage!

Ab wann sollte man eigentlich mit dem Brei beginnen? Nach sechs Monaten? Einem Jahr? Und ist Brei überhaupt gut für dein Baby? Es gibt viele Meinungen zum Thema Brei – wie übrigens auch zu allen anderen Themen rund ums Kind. Egal ob Stillen, Schlafen, Schnuller, Bauch- oder Rückenlage – sobald man mal anfängt, sich in ein Themengebiet einzuarbeiten, hat man sofort das Gefühl, sich nur falsch entscheiden zu können.

Kinderärzte sind sich einig, dass ab dem zweiten Lebenshalbjahr Obst und Gemüse eingeführt werden sollten, außerdem kleinere Mengen von Milchprodukten und Fleisch. Im Brei lassen sich diese Lebensmittel natürlich besonders gut verarbeiten, vor allem dann, wenn du den Brei selbst zubereitest. So kannst du nach und nach herausfinden, was dein Baby mag und was nicht, und mit der Zeit Lebensmittel hinzufügen, die für das Wachstum und die Entwicklung wichtig sind. Neben Brei kannst du deinen Schatz aber auch gern an einer Banane oder anderen weichen Lebensmitteln lutschen lassen. Im Grunde ist die Frage, ob Brei oder nicht, vor allem von deinem Baby abhängig: Mag es den Brei und schaufelt ihn in sich rein wie unsere Ella? Dann weiter so! Verweigert es den Brei? Dann gib deinem Baby noch ein bisschen Zeit. Früher oder später wird es schon noch auf den Geschmack kommen. Und wenn es den Brei ganz auslässt und sich gleich für das Familienessen interessiert? Nun, dann hast du wohl einen Feinschmecker zur Welt gebracht.

HEBAMMEN-TIPP

ESSEN WILL GELERNT SEIN

Nicht jedes Baby stürzt sich gleich auf feste Nahrung oder Brei und isst brav vom Löffelchen. Wichtig ist, dass du dir und deinem Kind Zeit gibst und ihr euch langsam ans Essen herantastet. Füttere zu einer Tageszeit, wenn dein Baby ausgeruht ist und du selbst nicht in Hektik bist. Die Tageszeit ist für den Brei nicht entscheidend (außer vielleicht spät am Abend) – und auch nicht, wer füttert. Wenn dein Partner oder deine Partnerin füttern wollen, ist das kein Problem. Wichtig ist das Ritual, gemeinsam am Tisch zu sitzen und dem Baby ausreichend Zeit zu geben, sich an die neue Ernährung zu gewöhnen.

Ab in den Urlaub

Klar, jeder will ab und an in den Urlaub. Aber wie weit sind junge Mamis und Papis bereit zu gehen? Die wenigsten trauen sich ja weite Reisen zu – und kaum ein frischgebackenes Elternpaar betritt freiwillig mit einem Kind im Wickelalter ein Flugzeug.

Mein Freund Jens und ich haben es gewagt und sind mit Ella nach Thailand geflogen – da war sie neun Monate alt. Waren wir verrückt? Naiv? Oder einfach nur grenzenlos optimistisch? Vermutlich beides.

Ich war vorher schon oft in Thailand und wusste, was für ein kinderliebes, entspanntes Land das ist. Backpacking finden einige Menschen ja anstrengend, mein Freund und ich lieben jedoch diese sehr freie Art zu reisen, die unserer Kleinfamilie natürlich entgegenkommt. Klar, in puncto Gepäck muss man sich wirklich einschränken, denn man trägt beim Backpacking ja, wie der Name schon sagt, alles auf dem Rücken herum. Man darf also nicht zu viel und nicht zu wenig mitnehmen. Sicher hast du jetzt auch die Bilder von vollgestopften Familienkutschen im Sinn, riesige Spielzeugkisten, Windelvorräte für ein Jahr, sieben Wechselgarderoben … Das ging bei unserem Thailand-Urlaub nicht. Aber auch dort gibt es Waschmaschinen. Ella spielt sowieso mit allem, was man ihr gibt. Und Windeln findet man nicht nur in Deutschland im nächsten Supermarkt.

Es gab eine Menge Leute, die uns für verrückt erklärten. »Thailand? Seid ihr wahnsinnig? Da kann doch so viel passieren!« Ehrlich gesagt, kann es das auch auf dem Bauernhof in Niederbayern. Und bis auf den zugegebenermaßen langen Flug gibt es wirklich nichts, was dagegenspricht, mit seinem Kleinkind auch eine Fernreise zu unternehmen.

Der Flug hat es jedoch wirklich in sich, also erkundigten wir uns im Vorfeld, was für Ella das Beste wäre. Ein Flug über Nacht oder doch lieber tagsüber? Mit Zwischenlandung oder ohne? Wo sind im Flugzeug die besten Plätze mit Kind?

Wir entschieden uns für einen Nachtflug – leider mit Zwischenstopp. Aber wir nahmen die Babytragehilfe mit, um Ella jederzeit herumtragen zu können, falls sie unruhig würde. Außerdem reservierten wir bei der Fluggesellschaft ein Babybett für den Flug.

Im Internet fand ich ein Reisezeltbett für Babys mit integriertem Moskitoschutz – perfekt für unsere Zwecke, denn so konnte ich gleich zwei wortwörtliche Fliegen mit einer Klappe schlagen: Ich hatte einen Mückenschutz und eine Schlafgelegenheit für unsere kleine Maus dabei, die ich auch mit an den Strand nehmen konnte. Perfekt! Auf Kinderwagen und Buggy verzichteten wir komplett, dafür wanderten ein Sommerschlafsack und eine Baby-Schwimmweste ins Gepäck, auf die wir nun wirklich nicht verzichten wollten, da wir auch Insel-Hopping machen wollten.

Dann ging es ans Packen. Ein Rucksack war für Ellas Sachen reserviert, der andere für Jens und mich. Wir mussten uns wirklich wahnsinnig einschränken bei der Kleiderwahl und nahmen nur das absolut Nötigste mit. Aber es funktionierte! Glücklicherweise fuhren wir ja in ein tropisches Land und nicht in die Antarktis. Im Grunde genügten uns also Badebekleidung, ein paar Shorts, T-Shirts, zwei Paar Schuhe und Kleidung, die wir im Flieger tragen würden.

Als der Abflug näher rückte, war ich trotz all der guten Vorbereitung aufgeregt. Der Rucksack von Ella war richtig schwer, denn wir hatten Milchpulvervorräte und Dinkelgetreidebrei für fünf-einhalb Wochen dabei – nahrungsmitteltechnisch das einzige Zugeständnis, das wir machten. Obwohl Ella mittlerweile Brei aß und ich darauf vertraute, dass man uns in den Hotels und Restaurants salzarme Babykost zubereiten würde, wollte ich doch unbedingt die Milch mitnehmen, die meine Maus gewohnt war. Denn in Thailand, genau wie in vielen anderen Ländern auch, sind die Milchpulver mit Zucker versetzt – und auf den verzichteten wir im ersten Lebensjahr unserer Tochter komplett. Also schleppten wir einiges an Milchpulverkartons mit uns herum. Immerhin: Der Rucksack würde im Laufe der Zeit immer leichter werden. Außerdem fanden Gemüse-Quetschies ihren Weg ins Gepäck, für Notfälle. Unsere Familie hatte uns davon abgeraten, lokales Essen an unsere Tochter zu verfüttern. Aber ich kannte Thailand – und viele der kleinen Resorts, in denen wir absteigen konnten. Mein Bauchgefühl sagte mir, dass ich Vertrauen haben solle.

Noch bevor ich einen Fuß in den Flieger gesetzt hatte, lernte ich meine erste Lektion: Ruhe bewahren! Ich durfte keine Angst haben und mich bloß nicht stressen lassen. Denn Stress und Anspannung übertragen sich quasi sofort aufs Kind – und dann wird es unruhig.

Zum Glück war Ella mal wieder tiefenentspannt. Sie verschlief den kompletten Hinflug und gab sich mit einer Flasche Milch zufrieden. Die Breie, die Quetschies, alles, was ich im Handgepäck für Notfälle dabeihatte, schleppte ich vollkommen umsonst mit mir herum. Die Flugbegleiterinnen waren außerdem sehr aufmerksam und hilfsbereit.

Leider verlief der Rückflug nicht so entspannt wie der Hinflug. Es gab einige Turbulenzen, bei denen wir Ella jedes Mal wecken, aus dem Babybett der Fluggesellschaft herausnehmen und anschnallen mussten. Dadurch wurde die Süße immer wieder wach und fand nicht zurück in den Schlaf – also wurde gequengelt, was das Zeug hält. Es war mir so unangenehm! Ich sage zwar immer: *Es ist doch egal, was die Leute denken. (Und meine es auch so!)* Aber bei einem Nachtflug ein weinendes Baby auf dem Schoß sitzen zu haben, das einige Passagiere vom Schlafen abhält, gehört wirklich zu den Dingen, die ich nicht mehr oft erleben muss.

In Thailand selbst wurden wir mit nichts verschont: Wir mussten aus einem Resort flüchten, weil die gesamte Familie Bettwanzen bekam. Ellas Milchpulver wurde von Mäusen angeknabbert. Und das Insel-Hopping auf den Booten gestaltete sich anstrengender als gedacht. Dennoch muss ich sagen: Das meiste war am Ende viel einfacher als gedacht. Milchpulver, Babyhygieneartikel und Nahrungsergänzung bekamen wir in den größeren Städten an jeder Ecke und in viel besserer Qualität, als ich es im Internet gelesen hatte. Ella war so entspannt, wie es ein neun Monate altes Baby nur sein kann. Und auch Jens und ich konnten bald schon richtig die Seele baumeln lassen und den Urlaub in vollen Zügen genießen. Zwei Wochen nach unserer Ankunft in Asien kamen wir auch mental in den Ferien an. Wir hatten gemerkt, dass uns nichts Schlimmes passieren konnte – sah man von einer Kakerlake im Bad ab. Die Thais waren unglaublich freundlich und liebevoll zu Ella, jeder Wunsch wurde uns von den Lippen abgelesen, und die Sonne, der Strand und das Meer taten ihr Übriges. Wir verbrachten fast sechs Wochen zusammen als Familie. Das ist ein Luxus, den man im schnöden Alltag einfach nicht hat. Jens genoss jede Minute mit unserer kleinen Maus, ich hingegen liebte die kleinen Mini-Auszeiten, wenn ich mich allein zu einem Strandspaziergang aufmachte oder im Meer baden ging.

Auch wenn mich die Heimreise an meine Belastungsgrenze brachte, bin ich doch froh, dass wir uns getraut haben, mit Ella eine Fernreise zu unternehmen. Während unseres Trips hatten wir einige Inlandsflüge, und von Flug zu Flug wurde ich entspannter und routinierter – und damit auch Ella. Ich hatte immer ein Milchfläschchen parat. Und natürlich den Schnuller, der wichtig ist für den Druckausgleich im Innenohr. Aber selbst wenn unsere Kleine bei Start oder Landung tief und fest schlief und ihr der Nuckel aus dem Mund fiel, weckte ich sie nicht auf, sondern beließ sie im Land der Träume. Vielleicht träumte sie ja gerade von einem kilometerlangen weißen Sandstrand und dem türkisfarbenen Meer …

TRINKEN

Bis zur Breieinführung wird der Flüssigkeitsbedarf über die Mutter- und Säuglingsmilch abgedeckt. In dieser Zeit ist es nur unter bestimmten Umständen notwendig, zusätzliche Getränke anzubieten: an besonders heißen Sommertagen, bei Verstopfung, Durchfall oder Fieber und nach ärztlicher Verordnung. Ab dem dritten Brei benötigt dein Baby zusätzlich etwas zu trinken. Bis zum ersten Geburtstag sind das circa 100 Milliliter zusätzlich am Tag. Sobald feste Nahrung wie beispielsweise Brot gegeben wird, steigt der Bedarf bis zum zweiten Geburtstag schrittweise auf 600 Milliliter pro Tag. Am besten eignet sich Trinkwasser – davon kann dein Kind haben, so viel es möchte. Wenn dein Baby noch nicht mobil ist, bietest du ihm am besten abgekochtes Wasser oder spezielles Säuglingswasser an.

Kinder bevorzugen häufig warmes Wasser, weil sie es gewohnt sind, körperwarme Getränke zu erhalten. Saftschorlen im Verhältnis von ein Drittel Saft zu zwei Drittel Wasser können ab und an zu den Mahlzeiten angeboten werden. Der Saft sollte jedoch ungezuckert sein. Auch Kräutertee eignet sich als Getränk, genau wie Fenchel-, Kümmel-, Anis-, Melisse- und nicht aromatisierter Rotbuschtee.

Stillen nach dem ersten Lebensjahr

Wie lange soll man eigentlich stillen? Eine Frage, die ich mir nicht stellen musste, da das Stillen bei mir leider nur zwei Wochen lang geklappt hat. Dann war die Milch weg, und ich musste einsehen, dass mein guter Wille allein nicht genügen würde, um Ella satt zu bekommen.

Aber wie geht es anderen Müttern, die länger stillen können? Ich weiß von einigen, dass sie diesen Moment der Zweisamkeit und Nähe sehr lieben, sich aber unsicher sind, ob Stillen ab dem ersten Lebensjahr überhaupt noch notwendig ist. Nährstofftechnisch muss man ganz klar sagen: Ist es nicht. Dein Baby kann ab dem ersten Geburtstag wie der Rest der Familie am Tisch sitzen und seinen Brei essen oder die Flasche bekommen.

Außerdem gibt einem das frühere Abstillen natürlich auch einige Freiheiten zurück, die man während der Stillzeit nicht hat. Die Flasche geben oder mit Brei füttern kann schließlich jeder – und eine Nacht durchschlafen ist auch nicht zu verachten, oder? Wenn dir und deinem Baby das Stillen aber guttut, könnt ihr gern noch eine Weile dabeibleiben und den innigen Moment genießen.

HEBAMMEN-TIPP

ESSEN MIT ALLEN SINNEN

Dein Baby möchte seine Welt »begreifen«. Es gehört dazu, dass dein Kind Nahrungsmittel anfasst und mit dem Essen spielt. Es möchte einen eigenen Löffel oder eine gekochte Mohrrübe in der Hand halten. Mach dir das Leben leicht und leg eine Plastikunterlage auf den Teppich oder füttere einfach in der Küche.

Allerdings: Tischmanieren gelten auch für Babys. Geh deswegen immer mit gutem Beispiel voran und zeige deinem Kind, wie man sich am Tisch richtig verhält. Das Essen beginnt, wenn alle sitzen. Die richtige Kurve mit dem Löffel zum Mund muss geübt werden, dabei fällt eine Menge herunter. Mit der Nahrung werfen ist aber nicht erlaubt. Dein Baby darf »aufstehen«, wenn es fertig ist, da es nicht so lange sitzen kann. Mindestens bis zum Kindergartenalter vermeidest du so vorprogrammierten Stress am Tisch.

Tagesmutter oder Kita?

Jede Mama weiß: Sosehr man sein Kind auch liebt, irgendwann kommt der Moment, da will man einfach mal wieder für sich sein. Um arbeiten zu gehen. Oder sich mit einer guten Freundin zu treffen. Sich eine Massage zu gönnen. Oder einfach mal etwas anderes als Windeln und Fläschchen zu sehen.

In jeder Kultur wird mit der Frage nach der Kinderbetreuung anders umgegangen. Einige Länder wie beispielsweise Frankreich bieten Kindertagesstätten schon für Säuglinge an, damit die Mütter möglichst schnell wieder ins Berufsleben einsteigen können. Andere Länder haben lediglich Kindergärten. Und in wieder anderen ist es üblich, den Nachwuchs einer Tagesmutter oder Nanny zu überantworten.

Aber was ist richtig? Das muss jedes Paar für sich entscheiden – individuell auf seine Bedürfnisse und die des Kindes abgestimmt. Wenn ich ein Baby habe, das nie fremdelt und sich auch bei anderen Menschen schnell wohlfühlt, sollte es kein Problem darstellen, es Schritt für Schritt von mir zu entwöhnen und stundenweise in eine Kindertagesstätte oder zur Tagesmutter zu bringen. Schüchterne oder lautstärkesensible Kinder sind bei einer erfahrenen Tagesmutter möglicherweise besser aufgehoben als in einer Gruppe. Tagesmütter können oft auch auf die Arbeitszeiten der Eltern eingehen und betreuen in der Regel bis maximal fünf Kinder. Kitas werden jedoch von ausgebildeten Erziehern geleitet, bieten vielfältige pädagogische Angebote und gehen individuell auf die Bedürfnisse der kleinen Mäuse ein. Zwei bis drei Erzieher passen hier auf zehn bis zwanzig Kinder auf. Falls einer der Betreuer krank wird, können die anderen einspringen – passiert dasselbe der Tagesmutter, hat die in der Regel keinen Ersatz, und dein Kind muss zu Hause bleiben. Da bei kleinen Gruppen jedoch weniger Krankheitserreger im Umlauf sind, passiert das vergleichsweise selten. Grundsätzlich lässt sich sagen, dass die Tagesmutterpflege intensiv und der Familienstruktur am ähnlichsten ist, Kinder in der Kindertagesstätte aber sehr schnell große Entwicklungsfortschritte machen, da sie von größeren Kindern lernen.

Wenn dein Kind jedoch gar nicht mit der Situation in der Kindertagesstätte oder bei der Tagesmutter klarkommt, solltest du es nicht zwingen, sondern ihm noch ein bisschen Zeit geben. Nicht jeder ist für das Abenteuer geboren! Außerdem sollte es für die Eltern ja eine Entlastung sein, das Kind in eine Betreuung zu geben, und nicht in zusätzlichen Stress ausarten. In den meisten Städten muss man sich auf einen Kitaplatz bewerben, wenn das Kind gerade mal gezeugt wurde (übrigens genau wie bei der Hebamme, die hat man am besten auch schon sechs Jahre vor dem Kinderwunsch) – dementsprechend anstrengend kann es sein, die perfekte Einrichtung für deinen Schatz und dich zu finden.

Für meinen Freund Jens und mich war nach einem Jahr klar, dass wir uns für Ella wünschen, dass sie ein möglichst selbstständiges kleines Mädchen wird, das den Kontakt zu anderen Kindern und Erwachsenen gewohnt ist. Außerdem trudelten bei mir immer mehr Anfragen für Shootings, Events und Interviews ein, die ich ständig absagen musste, weil ich einfach keine Zeit dafür hatte. Viele Leute fragen mich, was ich eigentlich den lieben langen Tag tue, und sind dann ganz überrascht, wenn ich ihnen sage, wie voll mein Terminkalender ist. Und zwar nicht, weil ich vierundzwanzig Stunden lang shoppen gehe! Das nimmt, wenn ich ehrlich bin, sogar den kleinsten Teil meines Alltags ein. Aber die Planung, Produktion und Postproduktion der Videos und Fotos nimmt einige Zeit in Anspruch, außerdem werde ich oft mit anderen Bloggerinnen und Influencern zu Events eingeladen, gebe Interviews, schreibe ein Buch, leite den Blog »MamiKlub«, habe Fashionshootings und Drehs … Langweilig wurde mir in den vergangenen Jahren, seitdem ich nicht mehr in der Serie spiele, auf jeden Fall nicht.

Nun kann man sein Kind nicht einfach bei einer Tagesmutter abgeben, einmal nett zum Abschied winken und dann verschwinden. Das funktioniert für die Kleinen nicht, die ja zur Mutter eine besonders feste Bindung haben – aber noch viel weniger für die Mamis selbst. Wie schwer die temporäre Trennung von Ella vor allem für mich war, hat mich ehrlich gesagt doch sehr überrascht.

Wir haben uns bei der Suche nach einer Tagesmutter Zeit gelassen – gezwungenermaßen, denn es war einfach keine aufzutreiben, die zu uns passte. Da wir etwas außerhalb von Berlin wohnen, war eine Tagesmutter für uns leichter zu organisieren als einen der begehrten Kitaplätze. Außerdem wünschten wir uns den engen Kontakt zur Betreuerin und die kleine Gruppe von Kindern, in der Ella zukünftig ihre Vormittage verbringen würde.

Als wir endlich eine Tagesmutter gefunden und einen Termin zur Eingewöhnung vereinbart hatten, ging dann bei mir auch schon das Kopfkino los. Würde Ella sich wohlfühlen? Wie würde sie auf die Trennung von mir reagieren? Was, wenn der Plan nicht aufging? Wenn sie es bei der Tagesmutter nicht mochte? Würden wir dann jemand anderen suchen oder das Projekt Betreuung für gescheitert erklären?

»Du machst dir viel zu viele Gedanken«, meinte mein Freund kopfschüttelnd – er konnte meine Sorgen überhaupt nicht teilen. »Was soll schon passieren?« Etwa zwei Wochen bevor es wirklich losging, wurde ich dann noch nervöser. Ich dachte wirklich Tag und Nacht über unsere Entscheidung nach und versuchte verzweifelt, meine Unruhe nicht auf mein Kind zu übertragen – dennoch war ich gereizt und überspannt.

Dann kam der Tag der Tage. Gemeinsam mit der Tagesmutter hatten wir entschieden, dass ich für zwei aufeinanderfolgende Tage einfach mal stundenweise mitkommen sollte. *Damit sich Ella an die neue Situation gewöhnen kann,* dachte ich. Doch während ich da so saß, im Spielzimmer der Tagesmutter, und meine Tochter dabei beobachtete, wie sie den Raum erkundete, die anderen Kinder kennenlernte und mich für einige Momente sogar ganz vergaß, da dämmerte mir, dass es bei der »Eingewöhnung« nur zum Teil um die Bedürfnisse der Kinder geht. Denn die wahren Nervenbündel, das sind die Eltern! Ich musste beinahe über mich lachen, so albern fand ich mein Verhalten. Da hatte ich wochenlang all meine Ängste auf meine süße Kleine projiziert, hatte mich mit Jens gestritten, weil ich mir plötzlich nicht mehr sicher war, ob es überhaupt eine gute Idee war, Ella wegzugeben, und mir wirklich jede Minute den Kopf zerbrochen. Und nun bemerkte ich, dass nicht Ella, sondern ich ein Problem mit der Trennung auf Zeit hatte.

Am dritten Tag sollte ich Ella mit der Tagesmutter und den anderen Kindern allein lassen. Nur für eine halbe Stunde, und das Handy hatte ich dabei. Ich wollte im Auto vor der Tür warten und rechnete mit jeder Menge Tränen und Geschrei. Mit mulmigem Gefühl verabschiedete ich mich von Ella. *Es ist nur eine halbe Stunde!*, sagte ich mir immer wieder und unterdrückte die Tränen. Meine kleine Maus bekam von meiner Misere zum Glück nichts mit. Sie kuschelte sich an mich, ließ sich von mir küssen und flitzte dann wieder ins Wohnzimmer, um weiterzuspielen. Von wegen Tränen! Ich war es, die sich nicht mehr zusammenreißen konnte, sobald ich im Auto saß. Denn mir wurde in diesem Moment bewusst, dass Ella nun selbstständiger werden und nicht mehr so abhängig von mir sein würde wie in der Vergangenheit. Sosehr ich mich auf die Zeit für mich, die wiedererworbene Freiheit auch freute, so sehr schmerzte mich der Abschied von diesem kleinen Menschen, den ich mehr liebe als alles andere auf der Welt.

»Alles klar bei dir?«, schrieb mir irgendwann Jens, der mich offenbar noch viel besser kennt als ich mich selbst. Ich schickte ihm eine Sprachnachricht, und er empfahl mir, mich mit irgendwas abzulenken und nicht einfach im Auto sitzen zu bleiben. »Sonst drehst du noch durch.«

Ich fuhr in die Autowaschanlage und wienerte meinen Wagen wie eine Besessene. Dabei ließ ich mein Handy nicht aus den Augen und erschrak zu Tode, als es plötzlich klingelte – aber es war nur meine Mutter, die wissen wollte, wie es bei der Eingewöhnung lief. Ich wimmelte sie ab, weil ich erreichbar sein wollte, und polierte weiter die Karosserie. Irgendwann schrieb mir die Tagesmutter, dass es wunderbar laufe und es Ella gut gehe – trotzdem war ich sehr froh, als die längsten dreißig Minuten meines Lebens endlich vorbei waren und ich meine kleine Maus wieder abholen durfte.

Am kommenden Tag wiederholten wir das Prozedere, am Tag darauf blieb ich sogar eine Stunde weg. Dann verlängerten wir die Zeiträume meiner Abwesenheit, bis Ella sogar bis nach dem Mittagessen bei der Tagesmutter blieb. Alles lief wie am Schnürchen, und ich war wirklich stolz auf meine Tochter – na gut, und auf mich. Denn auch ich hatte mich endlich eingekriegt und brach nicht mehr in Tränen aus, wenn ich von der Tagesmutter wegfuhr. Ich wusste, ich kann der Tagesmutter vertrauen, dass sie gut auf meinen Schatz aufpasst, vor allem aber Ella, weil sie sich voller Neugier und Zuversicht auf neue Situationen einlässt und den Abnabelungsprozess von mir viel besser wegsteckte als ich. Heute bin ich froh, dass wir diesen Schritt gegangen sind, auch wenn er für mich schmerzhaft war. Ich genieße meine freien Vormittage, an denen ich arbeiten, Sport treiben und wieder einmal für mich sein kann. Umso mehr freue ich mich dann darauf, den Nachmittag mit meiner Maus zu verbringen.

2
Ernährung

IN DER KÜCHE?
HAUPTSACHE >ISI<!

Regional, saisonal und bio? Logisch! Doch das war nicht immer so. Denn wenn ich ehrlich bin, war es mir früher nicht so wichtig, woher mein Essen kam. Vor allem als ich noch allein lebte, legte ich nicht so viel Wert auf Lebensmittel, wie ich es heute tue.

Das hat natürlich auch etwas damit zu tun, dass ich jetzt Mama bin. Ich will wissen, woher das Obst und Gemüse kommen, die ich Ella gebe. So ein Baby-Organismus ist ja noch viel anfälliger und sensibler als der eines Erwachsenen. Deswegen versuche ich auch weitestgehend, auf fertige Babyprodukte zu verzichten – denn die Zutatenliste auf der Rückseite von so einem Babybrei liest sich zuweilen wie eine Formelsammlung im Chemieunterricht. Habe ich Lust, das meinem Baby in den Mund zu schieben? Bloß nicht!

Wenn ich für Ella frisch koche, weiß ich genau, was reinkommt – und das sind keine Geschmacksverstärker, versteckte Zucker oder Ersatzstoffe. Frisches Obst und Gemüse sind die Grundzutat von allem, was ich für meine Tochter zubereite. Klar, das kann nerven, jeden Tag in der Küche zu stehen. Und nicht immer finde ich die Zeit, Kraft und Muße dazu. Aber wie ich schon im vorangegangenen Kapitel gesagt habe, geht es nicht darum, die Super-Mami des Jahres zu werden. Gelassenheit gehört meiner Meinung nach zu guter Erziehung genauso wie eine gesunde und ausgewogene Ernährung für die Kleinen – und die Großen. Denn viele Mamis vergessen leider sich selbst. Sie sind so mit dem Stillen, Kochen und Füttern des Nachwuchses beschäftigt, dass sie vollkommen aus dem Blick verlieren, auch sich selbst etwas Gutes zu tun. Alles, was man als Mutter trinkt oder isst, ist ja bekanntlich kalt. Außer Eis, das ist geschmolzen. Wer sich selbst nichts Gutes tut, ist kein gutes Vorbild für seine Kinder. Der deutsche Psychiater Oswald Bumke hat mal gesagt:

>»⟶ ERZIEHEN HEISST VORLEBEN.
ALLES ANDERE IST HÖCHSTENS DRESSUR. ⟵«‹

Gesunde Ernährung ist wirklich keine Quantenphysik – und wenn es um das Wohl unserer Kinder geht, haben wir doch erst recht keinen Grund, uns hinter angeblich fehlenden Kochkünsten zu verstecken, oder?

In der Küche vertrete ich die Maxime: Weniger ist mehr. Kein Schnickschnack, kein Chichi, sondern simple Wohlfühl-Rezepte mit großem Nmom-nmom-Faktor. Ich bin nämlich furchtbar ungeduldig und habe gar keine Lust auf eine lange Zubereitung. Deswegen muss es schnell, leicht und lecker sein.

Essen hat im Grunde zwei verschiedene Aufgaben: Es soll uns Energie für den Tag geben und im Idealfall auch noch schmecken. Richtig gute und gesunde Lebensmittel tun beides von ganz allein. Mir fiel das auf, als ich mit etwa Mitte zwanzig anfing, auf die Herkunft meines Essens zu achten. Es fing ganz langsam an, zum Beispiel indem ich bemerkte, dass die heimischen Tomaten vom Wochenmarkt aromatischer sind als die aus dem Gewächshaus in den Niederlanden. Dass Karotten vom Bio-Bauern einen Eigengeschmack haben. Dass es verschiedene Apfelsorten gibt, unter anderem auch welche, die nur in Deutschland wachsen. Eine vollkommen neue Welt offenbarte sich mir in dem Moment, als ich zu begreifen begann, dass Essen so viel mehr sein kann als nur bloßer Nährstofflieferant. Die Energie, die frische Lebensmittel geben, sind einfach durch nichts zu ersetzen. Kombiniert mit einem guten Gewissen, einer gesunden Lebensweise und der richtigen Zubereitung, kann aus den noch so einfachsten Grundzutaten ein köstliches Mahl werden, das Leib und Seele in gleichem Maße guttut.

Und zwar nicht nur dir, sondern auch deinem Schatz. In den ersten Lebensmonaten gibt es für die Kleinen ja vor allem Muttermilch oder Milchnahrung. Ab dem fünften Monat empfiehlt das Forschungsinstitut für Kinderernährung Dortmund, Schritt für Schritt mit der »normalen« Nahrung zu beginnen, allem voran gekochtes und püriertes Gemüse und Fleisch, dann Milch- und ab dem siebten Monat Obstbrei. Ab dem achten Monat sind Beikost und Teilnahme am Familienessen möglich. Ziel des Ganzen ist nicht, aus deinem kleinen Liebling binnen Wochen einen Feinschmecker zu machen, sondern die Stillmahlzeiten deines Babys ganz langsam durch Breikost zu ersetzen.

Bei den Breien sind viele Mamis unsicher. Womit sollst du anfangen? Musst du selbst kochen oder kannst du die Fertiggläschen nehmen? Die eigene Zubereitung hat natürlich den Vorteil, dass du weißt, was reinkommt. Außerdem können sich in der Zutatenliste allergene Substanzen wie Nüsse oder künstliche Aromen befinden. Babynahrung sollte natriumarm und wenig gewürzt sein. Wenn du findest, dass der Brei nach »nichts« schmeckt, ist er für dein Baby genau richtig. Also bitte sehr sparsam mit Salz, Pfeffer und allen anderen Gewürzen umgehen – ja, auch Zimt und vor allem Zucker! Ab dem ersten Lebensjahr empfehle ich, anstelle von herkömmlichem Haushaltssalz das etwas weniger intensive Himalaja-Salz zu verwenden.

Frisch kochen wirkt auf den ersten Blick anstrengend und umständlich, aber man gewöhnt sich wirklich schnell daran. Ich koche außerdem immer gleich größere Portionen und friere die Gläschen ein – so bin ich stets bestens vorbereitet. Außerdem ist es kein Beinbruch, auch mal Gemüse oder Obst aus der Tiefkühltruhe zu verwenden. Das ist tatsächlich sogar besser als sein Ruf, da es durch das Schockgefrieren die meisten Vitamine und gesunden Inhaltsstoffe behalten hat.

Du musst also wirklich keine Küchengöttin sein, um dich bewusst, gesund und abwechslungsreich zu ernähren. Ein bisschen Planung, ein paar einfache Tricks und ein paar meiner Rezepte – mehr brauchst du nicht, um satt *und* glücklich zu werden!

Frühstück

Ohne ein leckeres und ausgewogenes Frühstück startet der Tag für mich nur halb so gut. Ich liebe das Frühstück! Für mich ist es fast die wichtigste Mahlzeit des Tages – und ich kann gar nicht genug davon bekommen. Gehörst du zu denen, die sagen, dass sie morgens noch keinen Appetit haben? Dann frühstücke doch einfach später! Auch um zehn oder elf freut sich der Körper noch über Nährstoffe und Kraft, die er für den Tag braucht. Meine Rezeptideen sind nicht nur köstlich und einfach umzusetzen, sondern enthalten auch alle wichtigen Nährstoffe, die du brauchst. Einige Frühstücksideen kannst du auch schon am Abend vorher zubereiten – so wird das Aufstehen noch entspannter, und du startest garantiert voller Energie und Power in den Tag.

CARROT CAKE OVERNIGHT OATS

für zwei bis drei Portionen

* 2 kleine Möhren, geraspelt
* 200 g Haferflocken
* 500 ml Mandelmilch
* 2 EL Ahornsirup (oder ein anderes Süßungsmittel)
* 1–2 TL Zimt
* 4 EL Kokosflocken
* 4 EL Walnüsse, gehackt
* 1 Apfel

vegan

Am besten besorgst du dir große Gläser mit Schraubverschluss, in die etwa 400 ml hinein-passen. Natürlich kannst du auch eine ganz normale Schüssel nehmen – aber das Schraubglas hat den Vorteil, dass du, wenn du alle Zutaten hineingegeben hast, einfach nur den Deckel draufschrauben und schütteln musst.

Zuerst raspelst du die Möhre und gibst sie in das Glas, dann kommen Haferflocken, Mandel-milch, Ahornsirup und der Zimt dazu. Deckel drauf und richtig shaken! Dann ab in den Kühl-schrank und über Nacht durchziehen lassen. Am nächsten Morgen kannst du die gehackten Walnüsse und die Kokosflocken als Topping auf dein Oat geben. Ich schneide mir gern noch einen halben Apfel oben drüber. Hmmmm … Lecker! Fast wie Karottenkuchen – nur gesünder.

BANANEN-PANCAKES MIT BEEREN

vegan und glutenfrei

für zwei Portionen

- ❋ 2 reife Bananen
- ❋ 125 ml Wasser
- ❋ 70 g Reismehl
- ❋ 35 g Buchweizenmehl
- ❋ 1 TL Flohsamenschalen
- ❋ 1 TL Backpulver
- ❋ etwas Kokosöl für die Pfanne
- ❋ Beeren, Schokoladensoße, Marmelade oder Ahornsirup nach Belieben

So einfach und so gut!

Schäle die Bananen und zerdrücke sie mit einer Gabel. Füge das Wasser hinzu und verquirle den Teig zu einer homogenen Masse. Dann die trockenen Zutaten hineinsieben und alles miteinander vermengen. Kokosöl in einer Pfanne erhitzen und die Pancakes bei mittlerer Hitze von jeder Seite goldbraun backen. Mit frischen Beeren oder süßer Soße garnieren und am besten noch heiß genießen.

Tipp: *Statt Wasser kannst du natürlich auch 100 ml Milch und zwei Eier nehmen, und das Rezept funktioniert auch mit 140 g Weizenmehl. Die Beeren kannst du ebenfalls unter den Teig heben und mitbacken.*

SÜSSKARTOFFEL-WAFFELN

für zwei Portionen

* ❋ 250 g Süßkartoffel
* ❋ 1 Ei
* ❋ 50 g Parmesan, gerieben
* ❋ 2 EL Mehl
* ❋ eine Prise Paprikapulver
* ❋ Muskatnuss, frisch gerieben
* ❋ Fett fürs Waffeleisen

Du magst es morgens herzhaft? Hier kommt das ultimativ leckere Frühstück mit Schmackofatz-Garantie.

Heize den Backofen auf 175 Grad Umluft vor. Wasche und halbiere die Süßkartoffel und lass sie etwa eine halbe Stunde backen, bis sie gar ist. (Idealerweise hast du das schon am Abend vorher gemacht, dann geht es jetzt schneller.) Kratze das Fruchtfleisch aus der Süßkartoffel und zerdrücke es in einer Schüssel. Gib die restlichen Zutaten in die Schüssel und verquirle alles zu einer homogenen Masse.

Heize das Waffeleisen vor und fette die Backflächen dünn ein. Gib den Teig mittig auf die untere Backfläche und schließe das Waffeleisen. Nach drei Minuten ist die Waffel knusprig-hellbraun gebacken. Dazu passen Rührei oder Spiegeleier, Avocado oder Hummus. Übrigens nicht nur als Frühstück lecker, sondern auch als leichtes Mittag- oder Abendessen.

SUPERSAFTIGES ZUCCHINIBROT

für ein Brot

* ❊ 200 ml Sonnenblumen- oder Rapsöl
* ❊ 3 Eier
* ❊ 50 ml Agavendicksaft oder ein anderes alternatives Süßungsmittel
* ❊ 100 g Datteln
* ❊ 1 mittelgroße Zucchini, geraspelt
* ❊ 40 g Dinkelmehl
* ❊ 1 TL Vanillearoma
* ❊ 1 TL Backpulver
* ❊ etwas Salz und Zimt
* ❊ 50 g gehackte Nüsse (Walnuss, Haselnuss, Mandeln …)

»Ein Brot backen? Isa, spinnst du?« Ich schwöre, ich habe vor meinem ersten Backversuch genau dasselbe gedacht. Aber ich verspreche dir, du wirst dieses Brot lieben.

Heize den Ofen auf 180 Grad Ober-/Unterhitze vor. Dann schnappst du dir eine große Schüssel und gibst das Öl, die Eier und das Süßungsmittel hinein. Verrühre alles zu einer schaumigen, homogenen Masse. Zerkleinere die Datteln in einem Mixer und gib sie zur Eiermasse dazu. Die Zucchini kannst du ebenfalls im Mixer zu Kleinholz verarbeiten – oder du raspelst sie mit einer Reibe, dann tritt etwas weniger Wasser aus dem Gemüse und die Stücke werden nicht zu klein. Gib die Zucchiniraspel und das Vanillearoma zum restlichen Teig.

Vermische die trockenen Zutaten in einer weiteren Schüssel und hebe sie unter den Teig, bis sich alles perfekt miteinander verbunden hat. Gib den Teig in eine gefettete Kastenform und lass ihn eine gute Stunde backen. Abkühlen lassen – und staunen!

Tipp: *Am besten schmeckt das Brot, wenn du einen Klecks griechischen Joghurt auf eine Scheibe gibst und sie anschließend mit Bananenscheiben belegst. Dann noch etwas gehackte und angeröstete Nüsse, Salz, Pfeffer und ein paar Tropfen Honig dazu. Verboten gut!*

BLAUE QUINOA BOWL

vegan und glutenfrei

für zwei bis drei Portionen

* ❋ 350 g frische Blaubeeren
* ❋ 1 TL Agavendicksaft
* ❋ 100 g Quinoa (trocken), abgespült und abgetropft
* ❋ 300 ml Pflanzen- oder Nussmilch
* ❋ eine Prise Salz
* ❋ 2 TL Agavendicksaft
* ❋ 1 TL Vanilleextrakt
* ❋ 2 EL geröstete ungesüßte Kokosnussraspel
* ❋ 2 EL geröstete Mandelstifte

Heize den Backofen auf 200 Grad Ober-/Unterhitze vor und leg ein Backblech mit Backpapier aus. Bringe Quinoa, Sojamilch und Salz in einem kleinen Topf zum Kochen. Sobald es blubbert, dreh die Temperatur runter, decke den Topf mit einem Deckel ab und lass das Ganze 15 bis 20 Minuten köcheln, bis der Quinoa die Milch aufgesaugt hat. Pass aber auf, dass es nicht anbrennt!

In der Zwischenzeit kannst du die Blaubeeren mit dem Agavendicksaft vermengen und auf dem Blech verteilen. Röste die Beeren auf mittlerer Schiene acht bis zehn Minuten, bis sie etwas von ihrem Saft abgeben, aber noch ihre Form haben. Nimm den Quinoa vom Herd und rühre den Vanilleextrakt unter. Verteile die Masse auf Schalen und belege sie mit den gerösteten Blaubeeren, Kokosnussraspeln und Mandeln. Yummie!

Tipp: *Wenn auch dein Schatz von der Bowl probieren soll, kochst du den Quinoa einfach ohne Salz, lässt den Vanilleextrakt weg und verzichtest auf Kokosnuss und Mandeln.*

BREAKFAST BURRITOS

für zwei Portionen

* ❈ 4 Weizen- oder Mais-Tortillas (weich)
* ❈ 4 Eier
* ❈ 150 g saure Sahne, plus 4 EL extra
* ❈ Salz und frisch gemahlener Pfeffer
* ❈ 2 Frühlingszwiebeln, in Röllchen geschnitten
* ❈ 150 g gekochter Schinken, gewürfelt
* ❈ 150 g Cheddar, gerieben
* ❈ 1 Avocado, in Spalten geschnitten,
  mit 2 EL Limettensaft beträufelt
* ❈ 1–2 Zweige Koriander oder Petersilie

Erwärme die Tortillas nach Packungsanweisung und halte sie warm. Verquirle Eier und saure Sahne miteinander und würze mit Salz und Pfeffer. Erhitze eine beschichtete Pfanne und dünste die Frühlingszwiebeln darin an. Füge die Eier-Sahne-Mischung hinzu, dreh die Temperatur runter und lass das Ei stocken. Mit Schinkenwürfeln und Cheddar verzieren.

Verteile dann das Ei auf die Tortillas und belege sie anschließend mit den Avocado-Spalten. Setz pro Tortilla 1 EL saure Sahne obendrauf und bestreue das Ganze mit einigen Blättchen Koriander oder Petersilie. Schlage die Ränder der Tortilla-Fladen an beiden Seiten nach unten, rolle die Tortillas fest zusammen und schneide sie am Schluss schräg auf. Superlecker!

OVERNIGHT CHIAPUDDING

für zwei bis drei Portionen

✽ 2 Bananen
✽ 400 ml Mandelmilch
✽ 350 ml Lupinen- oder Sojajoghurt
✽ 100 g Chiasamen
✽ 100 g Vollkornkeks, zerbröselt
✽ 250 g gemischte Beeren, z.B. Blaubeeren, Himbeeren, Johannisbeeren

vegan

Püriere die Bananen und vermenge die Masse mit der Mandelmilch und dem Joghurt. Rühre dann die Chiasamen unter und fülle alles in Gläser, die du über Nacht in den Kühlschrank stellst. Am nächsten Morgen garnierst du den Pudding mit Beeren und Vollkornbröseln und startest garantiert fit und gesund in den Tag!

Mittagessen

Sicher kennst du das: Der Morgen war stressig und vollgepackt, allein bis das Kind und man selbst geduscht und angezogen sind, können zuweilen Stunden vergehen! Zumindest fühlt es sich so an. Dann ein langer Spaziergang an der frischen Luft, eine Tour zum Supermarkt oder zur Krabbelgruppe – unglaublich, was in so wenige Stunden alles reinpasst. Kein Wunder, dass am Mittag der Magen in den Kniekehlen hängt. Das Frühstück ist verdaut, der Körper verlangt nach mehr. Und zwar sofort! Die folgenden Gerichte sind im Handumdrehen zubereitet und auch für Anfängerinnen in der Küche ganz leicht zu schaffen. Dazu versorgen sie dich mit allen wichtigen Nährstoffen, die du brauchst, um den anstrengenden Alltag als Mami zu bewältigen – und sind dazu auch noch megalecker.

BUTTERMILCHHÄHNCHEN AUS DEM OFEN

für zwei Portionen

* ✻ 125 ml Buttermilch
* ✻ 1 EL Ahornsirup
* ✻ 1 TL Paprikapulver
* ✻ frisch gemahlener Pfeffer
* ✻ 350 g Hähnchenbrust, gespült und trocken getupft
* ✻ 100 g Panier- oder Pankomehl
* ✻ 50 g geriebener Parmesan
* ✻ 1 TL getrockneter Thymian

Vermenge Buttermilch, Ahornsirup, Paprikapulver, Salz und Pfeffer in einer großen Schüssel und leg die Hähnchenbrust darin ein. Mindestens 30 Minuten sollte das Fleisch sein Buttermilch-Bad genießen, am besten im Kühlschrank.

Heize den Ofen auf 200 Grad Ober-/Unterhitze vor. Vermenge das Paniermehl, den Parmesan, Thymian und Pfeffer miteinander und hole das Hähnchen aus dem Kühlschrank.

Tupfe das Fleisch mit Küchenpapier ab und tauche es anschließend in die Panade ein, sodass es gleichmäßig und rundherum bedeckt wird. Leg es anschließend aufs Backblech – und ab in den Ofen. Nach etwa 35 Minuten sollten die Panade goldbraun und das Fleisch gar sein. Dazu passt ein erfrischender Gurken-Joghurt-Salat oder Coleslaw. Eine tolle Low-fat-Alternative zum frittierten Hähnchen und geschmacklich ein Knaller!

SÜSSKARTOFFEL MIT ÜBERRASCHUNG

für zwei Portionen

- ✳ 2 Süßkartoffeln
- ✳ 2 EL Butter
- ✳ 100 g Crème fraîche
- ✳ 2 Scheiben Räucherlachs, in Streifen geschnitten
- ✳ 1 Handvoll Kresse

Heize den Backofen auf 220 Grad Ober-/Unterhitze vor. Dann schnapp dir die Süßkartoffeln und schrubbe sie mit einer Gemüsebürste unter fließendem Wasser ab. Anschließend kannst du etwas Frust abbauen, denn du sollst auf die Kartoffeln mehrfach mit einer Gabel einstechen.

Fette ein Backblech ein (oder leg etwas Backpapier darunter) und setz die Süßkartoffeln darauf. Lass sie 30 Minuten backen, dann einmal umdrehen und weitere 20 bis 30 Minuten backen. Sobald die Süßkartoffeln gar sind, holst du sie aus dem Ofen und schneidest sie längs ein. Einen Esslöffel Butter pro Kartoffel in den Schnitt geben und schmelzen lassen. Süßkartoffel mit einer ordentlichen Portion Crème fraîche garnieren und mit dem Lachs und der Kresse belegen.

Tipp: *Als vegetarische Variante ein Topping aus 180 g zerbröseltem Feta, klein gewürfelten getrockneten Tomaten und Basilikumblättern zum Verfeinern wählen. Wie wäre es außerdem, gleich eine Süßkartoffel mehr im Backofen zu backen und am nächsten Morgen mal die Süß-kartoffel-Waffeln auszuprobieren?*

WUNDERTOPF-PASTA

für zwei Portionen

* 2 Schalotten
* 1 Knoblauchzehe
* 300 g eher hartes Gemüse (Kohlrabi, Zuckerschoten, Bohnen oder was gerade Saison hat)
* 180 g Dinkelnudeln
* 500 ml Gemüsebrühe
* 100 g Erbsen, aus der Dose, frisch oder TK (aufgetaut)
* 100 g Blattspinat, frisch oder TK (aufgetaut)
* frischer Thymian
* Salz und Pfeffer, frisch gemahlen
* 150 g Ziegenfrischkäse

Ab jetzt gibt es wirklich keine Ausreden mehr: Bei der One-Pot- oder Wundertopf-Pasta wird (wer hätte es gedacht!) alles in einen Topf geschmissen. Das spart Mamis Nerven und hält zudem die Küche sauber.

Schäle Schalotten und Knoblauch und schneide beides in feine Streifen. Schneide auch das Gemüse, für das du dich entschieden hast, in gleich große Stücke. Wirf Schalotten, Knobi, Gemüse und Nudeln in einen Topf und gieße die Brühe dazu. Lass alles aufkochen und dann unter gelegentlichem Rühren so lange vor sich hin blubbern, bis die Nudeln beinahe al dente sind – also etwa zehn bis zwölf Minuten, je nach Sorte. Dann gibst du die Erbsen, den Spinat, den Thymian sowie die Gewürze dazu und lässt alles noch einmal eine Minute köcheln. Anschließend nimmst du den Topf vom Herd und rührst den Ziegenfrischkäse unter. Dazu passt am besten ein lauer italienischer Sommerabend.

Tipp: *One-Pot-Pasta ist eine wunderbare Möglichkeit, um Reste zu verwerten. Mit Karotten, Frühlingszwiebeln, Sojasprossen, etwas Currypulver und 250 ml Kokosmilch wird aus dem Gericht im Handumdrehen eine tolle asiatische Variante. Achte nur darauf, dass die härteren Gemüsesorten am Anfang und die weichen ganz am Ende in den Topf wandern.*

HÜTTENKÄSETALER

für zwei Portionen

❋ 100 g Cherrytomaten
❋ 200 g körniger Hüttenkäse
❋ 50 g Dinkel- oder Vollkornmehl
❋ Schnittlauch, Petersilie,
   Rosmarin, frisch und gehackt
❋ 1 EL Olivenöl

Schnell und »isi«: Schneide die Cherrytomaten in kleine Würfel und vermenge
sie mit dem Hüttenkäse, dem Mehl und
den Kräutern. Schmecke das Ganze
mit Salz und Pfeffer ab. Forme aus der
Masse Taler, die du entweder im vorgeheizten Ofen bäckst (180 Grad
Ober-/Unterhitze) oder in der Pfanne
anbrätst, bis sie goldbraun werden.
Dazu passen ein grüner Salat und ein
leckerer Kräuterquark.

ZLATAS DUVEC AUS DEM OFEN

für zwei Portionen

* 2 Schweinenackensteaks
* 1 Zwiebel, klein gewürfelt
* 1 Möhre, klein geschnitten
* 100 g Vollkornkreis, gewaschen und abgetropft
* 500 g Erbsen, frisch oder TK
* 1 große Kartoffel, geschält und gewürfelt
* 1 grüne und eine rote Paprika, klein geschnitten
* 250 ml Tomatensaft
* 250 ml Wasser mit einem TL Gemüsebrühe
* Salz, Pfeffer und Petersilie

gluten-frei

Meine Mutter Zlata kommt aus Serbien. Von ihr und meiner heiß geliebten Oma habe ich kochen gelernt – und dieses leckere Rezept für ein typisch serbisches Schmorgericht. Es ist nicht gerade kalorienarm, aber wirklich köstlich. Wer mehr auf seine Linie achten will, wählt einfach ein mageres Schweinefleisch, zum Beispiel vom Filet.

Heize den Backofen bei Oberhitze auf 200 Grad vor. Brate die Steaks in einer Pfanne ein bis zwei Minuten von jeder Seite an. Nimm die Steaks aus der Pfanne und dünste die Zwiebeln in etwas Öl oder Butter an, bis sie glasig sind. Gib dann die Möhrenwürfel dazu. Nach drei Minuten kommen der Reis, die Erbsen, die Kartoffeln und die Paprika in die Pfanne. Alles gut verrühren. Mit Tomatensaft und Wasser aufgießen, mit Salz und Pfeffer würzen und fünf Minuten köcheln lassen. Dann alles in eine Auflaufform geben, Steaks in den Sud setzen, sodass das Fleisch bedeckt ist, und für 45 Minuten in den Ofen schieben. Falls die Soße zu trocken wird, etwas Wasser hinzufügen.

Tipp: *Damit dein kleiner Schatz mitessen kann, gib einfach eine kleine Portion des ungewürzten Suds mit etwas Reis in einen Topf und koche das Ganze so lange, bis der Reis und die Kartoffeln gar sind.*

Abendessen

»Morgens wie ein Kaiser, mittags wie ein König und abends wie ein Bettler.« Im Grunde ist es keine Neuigkeit, dass das Essen am Abend besser eine leichte Mahlzeit sein sollte. Das hat viele Gründe. Erstens schläft es sich mit vollem Magen nicht so gut, denn es fällt dem Körper im Schlaf schwerer, mächtige oder kalorienreiche Nahrung zu verdauen. Zweitens verbrennt der Organismus abends und nachts weniger als tagsüber – man setzt also mehr an. Die Nacht ist außerdem eine ohnehin schon recht lange Fastenphase – denn die wenigsten von uns stehen nachts um drei auf, um sich einen kleinen Snack zu gönnen. Stattdessen verzichten wir, ohne es zu merken, für zwölf Stunden oder mehr auf Nahrung. Für alle Mamis, die sich in ihrem Körper gerade nicht so wohlfühlen, sind die folgenden Rezepte also eine prima Grundlage, um abends noch einmal ein paar Kalorien einzusparen und vielleicht sogar kohlenhydratarm zu essen. Und für alle anderen? Denen schmeckt es garantiert genauso gut.

ZITRONEN-PETERSILIE-FISCHFRIKADELLEN

für vier Portionen

- ❋ 500 g frisches Kabeljaufilet
- ❋ 1½ EL Olivenöl
- ❋ 1 Ei
- ❋ 2 Schalotten, klein gewürfelt
- ❋ 2 EL Mayonnaise (leicht)
- ❋ 1 EL Zitronensaft
- ❋ ½ TL Zitronenabrieb
- ❋ 2 EL Dijon-Senf mit Honig
- ❋ 180 g zerbröselte Mais-Cornflakes
- ❋ 3 EL Dill, klein gehackt
- ❋ 3 EL Petersilie, klein gehackt
- ❋ Salz und gemahlener Pfeffer

Heize den Backofen bei Ober-/Unterhitze auf 200 Grad vor. Die Kabeljau-Filets reibst du mit Öl ein und lässt sie 15 Minuten im Ofen backen.

In der Zwischenzeit vermengst du in einer großen Schüssel das Ei, die Schalotten, Mayonnaise, Zitronensaft, Zitronenabrieb, Senf und die fein zerbröselten Cornflakes. Gib Dill und Petersilie hinzu und würze kräftig mit Salz und Pfeffer.

Sobald der Fisch gar ist, holst du ihn aus dem Ofen und lässt ihn ein paar Minuten abkühlen. Dann tupfst du die Filets mit Papiertüchern trocken und zerkleinerst sie mit einer Gabel. Gib den Fisch zu den übrigen Zutaten in die Schüssel und vermenge alles zu einer homogenen Masse.

Jetzt geht's ans Eingemachte. Forme kleine Frikadellen aus dem Teig. Wenn er zu flüssig ist, gib noch etwas Paniermehl dazu. Die Frikadellen kommen zum Ruhen noch einmal für eine halbe Stunde in den Kühlschrank, bevor es ihnen an den Kragen geht. Erhitze Öl in einer großen Pfanne und backe die Frikadellen darin goldbraun aus, etwa zwei Minuten auf jeder Seite. Heiß mit einem Klacks saurer Sahne oder Joghurt servieren. Ahoi!

QUINOA-CHILI SIN CARNE

für zwei Portionen

gluten-frei

* ❄ 100 g Quinoa
* ❄ 1 rote Zwiebel
* ❄ 2 Paprika
* ❄ 1 Knoblauchzehe
* ❄ 1 Dose Kidneybohnen
* ❄ 1 Dose Mais
* ❄ 2 EL Olivenöl
* ❄ 1 Dose stückige Tomaten
* ❄ Chiliflocken nach Belieben
* ❄ Salz und frisch gemahlener Pfeffer
* ❄ 100 g saure Sahne

Mit diesem Chili geht es richtig ab. Koche den Quinoa wie auf der Packung beschrieben. Schneide in der Zwischenzeit die Zwiebel, die Paprika und den Knoblauch in Stücke und spüle die Kidneybohnen unter fließendem Wasser ab. Erhitze das Öl in einer tiefen Pfanne und brate darin Zwiebel, Knoblauch und Paprika ein bis zwei Minuten an. Gib dann die Kidneybohnen, die Tomaten, den Mais und, wenn du magst, die Chiliflocken dazu und lass alles bei mittlerer Hitze 10 bis 15 Minuten köcheln. Wenn das Gemüse gar ist, schmecke das Chili mit Salz und Pfeffer ab. Jetzt findet auch der Quinoa seine Bestimmung: Ab in den Topf mit ihm und gut umrühren! Verteile das Chili auf Schüsseln und garniere mit einem ordentlichen Klecks saurer Sahne. *Viva la vida!*

Tipp: *In ein echtes Chili für zwei Personen gehören etwa 25 Gramm Zartbitter-Schokolade. Der Geschmack bildet ein aromatisches Gegenstück zur Schärfe und sorgt außerdem für die typische dunkle Farbe des Chilis. Und die restlichen 75 Gramm? Machen als Nachtisch superglücklich!*

LECKERER LINSENSALAT

für zwei Portionen als Hauptspeise, für vier Portionen als Beilage

❄ 250 g schwarze Belugalinsen
❄ 250 g Rote Beete aus dem Glas
❄ 3 rote Spitzpaprika
❄ eine Handvoll getrocknete Aprikosen
❄ ½ Bund glatte Petersilie, klein gehackt
❄ ½ Bund Schnittlauch, sehr fein geschnitten
❄ Saft von einer Limette und der Abrieb der Schale
❄ 1–2 EL Senf
❄ 1 EL Sojasoße
❄ 1–2 EL Obstessig
❄ etwas geriebener Ingwer
❄ 50 ml Gemüsebrühe
❄ 3 EL Olivenöl
❄ Kapern (nach Belieben)
❄ schwarzer Pfeffer und Salz
❄ 1 TL Agavendicksaft oder Apfelsüße

Dieser Salat ist ein absoluter Sattmacher – und so lecker, dass man nicht genug davon bekommen kann. Am besten schmeckt er, wenn er einen halben Tag durchziehen konnte.

Koche die Linsen wie auf der Packung beschrieben – aber lass sie nicht zu weich werden. Sie dürfen gern al dente sein. In der Zwischenzeit kannst du die Rote Beete, die Paprika und die Aprikosen würfeln. Vermische die restlichen Zutaten zu einer Marinade. Sobald die Linsen gar und abgekühlt sind, kannst du alles in eine große Schüssel geben und gut miteinander vermengen. Lass es dir schmecken!

Tipp: *Wenn du den Salat nicht vegan, sondern nur vegetarisch genießen möchtest, kannst du ihn mit einem Klecks Crème fraîche oder Ziegenfrischkäse garnieren.*

HÄHNCHENBRUST MIT MANGO-SALSA

für zwei Portionen

- ❋ 350 g Hähnchenbrustfilet
- ❋ Salz und frisch gemahlener schwarzer Pfeffer
- ❋ 1 EL Olivenöl
- ❋ 2 Knoblauchzehen, ohne Haut, angedrückt
- ❋ 1 Stück frische Ingwerwurzel, fein gehackt
- ❋ 1 große, eher feste Mango, geschält, entsteint und gewürfelt
- ❋ 2 EL Zitronensaft
- ❋ 1 EL Agavendicksaft
- ❋ 1 Msp. Kreuzkümmel
- ❋ 4 EL gehackter frischer Koriander

gluten-
frei

Stell den Backofen auf Grillfunktion. Würze die Hähnchenbrustfilets mit Salz und Pfeffer und grille sie von jeder Seite 10 bis 15 Minuten, bis das Fleisch gar ist. Danach wickelst du sie in etwas Alufolie und hältst sie damit warm.

Erhitze Öl in einer Pfanne und brate die Knoblauchzehen darin eine Minute kurz an. Jetzt kommen Ingwer und Mangos dazu, die nur so lange in der Pfanne mitbraten, bis die Mangos weich sind. Gib Zitronensaft und Agavendicksaft, Kreuzkümmel, Salz und Pfeffer dazu. Das gegrillte Hähnchen darfst du nun aus dem Schönheits- schlaf wecken und auf einem Teller anrichten. Gib reichlich Salsa über das Fleisch und garniere das Ganze mit dem frischen Koriander. Wer mag, kocht sich noch etwas Reis dazu. Besonders gut passen auch Karottengemüse oder ein frischer Tomatensalat. So oder so, ein tropisch-köstliches Vergnügen!

Tipp: *Wenn du den Reis ohne Salz kochst und auch das Karotten- gemüse erst nachträglich würzt, kann dein Baby eine Portion mitessen.*

SOMMERROLLEN

vegan und glutenfrei

für 10–15 Rollen

* 10–15 Reispapierblätter
* 2 saubere Geschirrtücher, einmal trocken, einmal feucht
* 20 g Glasnudeln, nach Packungsanleitung gekocht
* 1 Romana-Salat, in Streifen geschnitten
* 1 Karotte, geschält und in feine Streifen geschnitten
* ½ Mango, in Streifen geschnitten
* 150 g Räuchertofu, in Streifen geschnitten und angebraten
* 2–3 Pfefferminzzweige
* 2–3 Koriander- oder Petersilienzweige
* 1 TL Ingwer, frisch, fein gehackt
* 2 EL Erdnussbutter oder geröstete Erdnüsse, gemahlen oder gehackt
* 1 EL Sojasoße
* 1 EL Limettensaft oder 1 TL Reisessig
* 1 TL Agavendicksaft
* ½ TL Chilisoße, wenn gewünscht
* 1 EL Wasser

*Xin chào!** Schnapp dir einen tiefen Teller und befülle ihn mit lauwarmem Wasser, breite daneben ein trockenes, sauberes Geschirrtuch aus. Weiche die Reispapierblätter nacheinander für je ein paar Sekunden im Wasser ein und drücke sie anschließend auf das Geschirrtuch. Belege die Reispapierblätter mit Glasnudeln, Romana-Salat, Karotte und Mango. Dann kommt der angebratene Tofu dazu, den du nach Lust und Laune würzen kannst – so, wie du es magst. Falte dann den unteren Rand des Kreises über die Füllung und die Seiten nach innen und platziere ein paar Kräuterblätter in der Mitte. Schlage den oberen Rand des Reispapiers darüber ein und leg das Paket mit der Nahtstelle nach unten unter ein feuchtes Tuch. Vermenge für den Dip Ingwer, Erdnussbutter, Sojasoße, Limettensaft, Agavendicksaft und Chilisoße miteinander. Sofort servieren und ein kleines Stück Urlaub genießen.*

Tipp: *Anstelle des Tofus kannst du auch 200 g gekochtes oder gebratenes und in kleine Stückchen geschnittenes Hühnchenfleisch verwenden.*

---

* Das ist vietnamesisch und heißt »Hallo!«.

3
Mami-Self-Care

DAS LEBEN MIT BABY IST WUNDERBAR –
ABER MANCHMAL AUCH EIN ECHT HARTER JOB.

Ich liebe es, Mama zu sein. Ich hätte es niemals für möglich gehalten, dass ich einmal in der Lage sein würde, für ein Lebewesen eine solch tiefe und unendliche Liebe zu empfinden. Es gibt so viele schöne Momente mit Ella, Tag für Tag, und ich wäre nicht in der Lage, einen einzelnen als den schönsten herauszupicken. Klar, als sie zum ersten Mal »Mama« sagte oder ihre ersten Schritte machte, das waren schon besondere Augenblicke. Aber jede Sekunde mit meiner Maus ist kostbar und wundervoll, und wenn ich anfangen würde, darüber zu erzählen, würde aus diesem Ratgeber eine mehrbändige Enzyklopädie werden.

Obwohl ich mittlerweile das Gefühl habe, mich als Mutter einigermaßen souverän zu behaupten, geht mir jedes Mal wieder das Herz auf, wenn wir zusammen im Bett liegen und kuscheln und sie mir plötzlich einen Schmatzer ins Gesicht drückt. In diesen Momenten sehe ich die Persönlichkeit hinter dem Kleinkind ganz deutlich und spüre ihre unendliche, vorbehaltlose Liebe.

Babys sind ja vor allem eines: hilflos. Der Mensch ist das Säugetier, das seine Nachkommen im »unfertigsten« Zustand auf die Welt bringt. Keine andere Gattung braucht so lange, um ihre Kinder dazu zu bringen, selbstständig zu laufen und Nahrung zu sich zu nehmen. Manchmal erinnern mich Säuglinge deswegen an kleine Vögelchen, die gerade erst geschlüpft sind. Deswegen sind die Augenblicke mit Ella ja auch so toll, in denen sie zeigt, was noch alles in ihr steckt: ein Mensch, eine Person, ein Charakter. Jemand mit eigenem Willen, Wünschen und Gedanken.

Doch ich muss zugeben, dass es auch Momente gibt, in denen ich mich manchmal frage: Ist das alles? Baby, Windeln, Brei? An manchen Tagen vermisse ich mein altes Leben. Was nicht heißt, dass ich irgendetwas bereue, denn ich liebe meinen Alltag und meine Familie wie verrückt! Dennoch glaube ich, dass es für uns Mamis hilfreich und gut ist, von Zeit zu Zeit kleine Pausen einzulegen. Nichts anderes auf der Welt fordert so viel von uns wie ein Säugling, ein Baby oder ein Kleinkind. Wir sind vierundzwanzig Stunden am Tag im Dienst, sieben Tage die Woche, dreihundertfünfundsechzig Tage im Jahr. Es gibt kein hitzefrei, kein Wochenende, keinen Dienstschluss. Man ist einfach *immer* Mama.

Die Natur hat den Menschen so konzipiert, dass Babys im ersten Lebensjahr vor allem von der Mutter abhängig sind. Denn selbst in der emanzipiertesten Beziehung trägt nun einmal die Frau das Kind unter ihrem Herzen, bringt es zur Welt, stillt es und geht eine innige symbiotische Beziehung ein. Das ist von der Natur so gewollt und auch gut so. Männer (aber natürlich auch Partnerinnen in gleichgeschlechtlichen Beziehungen) stecken in diesen ersten Lebensmonaten viel zurück, gerade beim ersten Kind. Die Aufmerksamkeit und Fürsorge, die bislang vor allem ihnen galt, widmen die Mütter nun ausschließlich dem Nachwuchs. Für die meisten Partner und Partnerinnen ist das okay, immerhin sehen sie, was ihre Frau gerade alles leistet. Um aber langfristig in der Beziehung in kein Ungleichgewicht zu kommen, sollte der andere Elternteil so viel wie möglich übernehmen – nur so entlasten sie uns Mamis und schaffen wieder Freiräume, in denen sie selbst eine Rolle spielen.

Blöderweise können Mütter oft schlecht loslassen. Weder ihr Kind noch ihre neue Rolle, in der sie so sehr gebraucht werden wie noch nie zuvor in ihrem Leben. Doch es ist wichtig, sich selbst einzugestehen, dass man mehr ist als eine Mama: eine Frau, eine Freundin, eine Partnerin. Nach den ersten drei Monaten mit Kind, in denen das ganze Leben verrücktspielt, darf und kann man als Mami erste vorsichtige Schritte zurück in die »Normalwelt« machen. Sich mal wieder eine Auszeit gönnen. Zum Friseur gehen. Sich mit einer Freundin treffen, die keine Kinder hat. Ein ausgiebiges Bad genießen in der Gewissheit, dass der Partner oder die Partnerin es schon richten wird, wenn das Baby schreit. Das folgende Kapitel soll dir dabei helfen, dich als Frau wiederzuentdecken und etwas Gutes für dich zu tun.

Ein Wochenende nur für uns

Ein Jahr nachdem Ella auf die Welt kam, beschlossen Jens und ich, unseren Jahrestag als Eltern zu feiern – und zwar ohne Kind. Meine Eltern kamen nach Berlin und passten ein Wochenende lang auf Ellalein auf, während mein Freund und ich nach sehr, sehr langer Zeit mal wieder für uns waren.

Ich weiß, ich weiß. Es gibt viele Menschen da draußen, die finden, dass man als Mutter eines Kleinkindes keinen Urlaub ohne seinen Liebling machen sollte. Ich sehe das jedoch anders. Ich finde nämlich, dass jede Frau und Mami selbst entscheiden muss, was gut für ihr Kind und für sie ist. Als ich damals auf YouTube das Video zu unserem Kurztrip hochlud, bekam ich sehr viel positive Rückmeldungen von vielen Mamis, die auch für eine gewisse Zeit von ihren Mäusen getrennt waren, sei es wegen beruflicher Termine oder »freiwillig«. Es schrieben auch einige, die sich eine Auszeit wünschten, aber keine Möglichkeit dafür sahen. Doch es gab auch ein paar, die sofort zu mosern anfingen und sogar meinten, ich hätte mein Kind nicht verdient, wenn ich es nach wenigen Monaten bereits »abgeben« wolle.

Es kann keine Rede davon sein, dass ich Ella »abgeben« will – oder gar abschieben. Aber ich finde es wichtig, dass man sich Zeit nimmt, um auch die Paarbeziehung zu pflegen. Eine Auszeit braucht man ja nicht, weil man keine Eltern mehr sein will, sondern weil man sich selbst und seinem Partner oder seiner Partnerin zeigen möchte, dass man mehr ist als eine Mami. Eine Freundin, eine Geliebte, die Frau an seiner (oder ihrer) Seite. Wenn es Mütter da draußen gibt, die ihr Kind unter keinen Umständen über Nacht in die Hände der Großeltern oder einer anderen Vertrauensperson geben wollen, akzeptiere und respektiere ich das. Leben und leben lassen! Gleichzeitig fände ich es schön, wenn ich selbst entscheiden dürfte, was für mein Kind, meinen Freund und mich das Beste ist.

Das Wochenende an der Ostsee war für Jens und mich auf jeden Fall ein echter Segen. Wir waren so nah an Berlin dran, dass wir, falls etwas gewesen wäre, sofort hätten zurückfahren können. Aber ich wusste, dass das nicht passieren wird, denn meine Mutter und Ella haben ein tolles Verhältnis, und Ella weint mir oder ihrem Papa in der Regel keine Träne nach, wenn wir uns von ihr verabschieden. Oma ist ja da! Was gibt es da Besseres?

Wir verbrachten zwei wunderbare Tage in einem richtig tollen Hotel, genossen Massagen, leckere Abendessen und lange Spaziergänge am verlassenen Ostseestrand. Und hatten mal wieder Zeit, über vieles zu reden, was liegen geblieben war. Das vergangene Jahr war ja nur so an uns vorbeigerauscht. Mit einem kleinen Kind steckt jeder Tag voller Überraschungen. Zwölf Monate vorher hatte ich Ella noch gestillt, und heute konnte sie schon laufen und »Mama« sagen, selbst den Löffel halten und entschieden den Kopf schütteln, wenn sie etwas nicht wollte. Aus meinem kleinen, süßen Baby war binnen weniger Wimpernschläge – so kam es mir jedenfalls vor – ein Kleinkind geworden, das die Welt entdeckte. Wahnsinn!

Kein Wunder, dass man sich da als Paar manchmal aus dem Blick verliert. Wenn dann noch der Alltag mit seiner ganzen Wucht über einem zusammenschlägt, kann es schon passieren, dass man sich irgendwann fragt: Wann haben wir zuletzt einen Abend bewusst gemeinsam verbracht? Wann waren wir das letzte Mal zärtlich? Wann habe ich meinem Freund ein Kompliment gemacht, ihn mit etwas überrascht oder verwöhnt?

Eine gewisse Zeit ohne Kind, und das muss wirklich kein ganzes Wochenende sein, hilft, sich wieder bewusst zu machen, wie kostbar es ist, einander zu haben. Man richtet den Fokus neu aus, sei es auch bloß für ein paar Stunden, und tankt jede Menge Kraft und Energie durch die ruhigen, intimen Momente, die man miteinander verbringt. Wenn es Paare da draußen gibt, denen das im ganz normalen Leben gelingt, kann ich nur sagen: Respekt. Jens und ich müssen dafür schon unseren Alltag verlassen, ansonsten rödeln wir, bis wir umfallen.

Obwohl ich weiß, wie gut uns die Auszeiten tun, fällt es mir dennoch immer schwer, von Ella getrennt zu sein. Ich glaube, dass das vollkommen normal ist und den meisten Frauen so geht. Und wenn nicht? Dann ist das auch okay. Denn für jede Mutter wird früher oder später der Moment kommen, in dem sie ihr Kind entweder furchtbar vermisst oder, auch wenn es schmerzt, gehen lassen muss.

Lass dich bitte nicht verrückt machen von den Meinungen anderer, die denken, es besser zu wissen. Du allein weißt, was gut für dich ist! Du kannst, davon bin ich überzeugt, nur dann eine gute, liebende und unterstützende Mama sein, wenn du selbst mit dir im Reinen bist. Wenn du dir Sorgen um deine Beziehung machen musst oder das Gefühl hast, den Kontakt zu deinem Partner oder deiner Partnerin zu verlieren, spürt das dein Kind. Deswegen glaube ich, dass es manchmal besser ist, sich eine kurze Verschnaufpause zu gönnen, anstatt irgendwelchen Normen zu entsprechen.

Nun hat nicht jeder die Möglichkeit, ein Wochenende wegzufahren, sei es finanziell oder organisatorisch. Aber das macht nichts! Auch ein fester Abend in der Woche, der ausschließlich für deinen Partner/deine Partnerin und dich reserviert ist, kann dazu beitragen, dass ihr ein glückliches Paar bleibt, obwohl ihr dem stressigen Elternalltag trotzt. Gönnt euch etwas! Fahrt in ein Spa oder eine Therme, besucht die Sauna, lasst euch bei eurem Lieblingsitaliener verwöhnen oder bestellt eine große Sushi-Platte für zwei und schaut euch eure Lieblingsserie an. Tut das, was ihr getan habt, als ihr noch kein Kind hattet – zumindest einen Abend lang. Ich verspreche euch, ihr werdet euch durch diese kostbaren Stunden noch einmal daran erinnern, was euch alles miteinander verbindet – und das ist nicht nur euer Kind.

Mein 5-Minuten-Spa-Moment

Kleine Auszeiten vom Alltag sind wichtig. Du kannst sie dir nehmen, wenn dein Baby zum Beispiel schläft oder bei der Tagesbetreuung ist. Denn was gibt es Besseres, als sich und seinem Körper etwas Gutes zu tun? Staubsaugen kannst du später immer noch!

Gerade in der Schwangerschaft und Stillzeit will man als Mami ganz genau wissen, was man seinem Körper zuführt – denn man ist ja nicht mehr nur für sich selbst, sondern auch für sein Baby verantwortlich und möchte, dass es ihm gut geht. Natürliche Kosmetik ist ein einfacher und sehr kostengünstiger Weg, wie man sich etwas Gutes tun und gleichzeitig sichergehen kann, dass wirklich nur reinkommt, was Mami und Baby nicht schadet. Ich habe drei tolle und sehr einfache Rezepte für dich – mit den einfachsten Inhaltsstoffen, die du garantiert im Haus hast –, die du im Handumdrehen selbst zubereiten kannst.

HONIG-HAARKUR

✽ 1–2 EL Honig
✽ ein Schuss Olivenöl

Erwärme den Honig in einem kleinen Topf und rühre das Öl unter. Trage die Kur aufs feuchte Haar auf, besonders in die Spitzen. Lass die Pflege 10 bis 15 Minuten einwirken, am besten geht das in der Badewanne. Anschließend gut auswaschen. Der Honig und das Öl machen das Haar ganz weich und streichelzart.

KAFFEE-PEELING FÜR GESICHT UND KÖRPER

* 5 EL frisches Kaffeepulver oder Kaffeesatz
* 1 EL Oliven- oder Jojobaöl
* 1 TL Honig

Übergieße das frische Kaffeepulver mit kochendem Wasser und lass es abkühlen. Schütte das Wasser anschließend ab – oder trinke es, es ist ja Kaffee. Gib Öl und Honig zum Kaffeesatz hinzu und verrühre alles zu einer homogenen Masse. Zweimal wöchentlich kannst du das Peeling unter der Dusche mit kreisenden Bewegungen auftragen und im Anschluss abspülen. Die feinen Kaffeekörner entfernen alte Hautschuppen und fördern die Zellerneuerung, außerdem wird die Durchblutung angeregt. Öl und Honig pflegen die Haut, Honig wirkt zudem entzündungshemmend und kann gerade im Gesicht bewirken, dass sich kleine Pickelchen und Unreinheiten wieder zurückbilden.

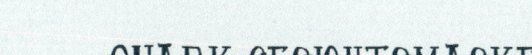

QUARK-GESICHTSMASKE

* 2 EL Speisequark
* 1 TL Zitronen- oder Limettensaft

Verrühre den Quark mit dem Saft zu einer homogenen Masse und trage ihn auf dein gereinigtes Gesicht auf. Mindestens zehn Minuten einwirken lassen, am besten so lange, bis der Quark zu bröckeln anfängt. Spüle alles mit lauwarmem Wasser ab. Der Quark verleiht der Haut einen Frischekick und die Zitronensäure geht aktiv gegen zu große Poren vor.

Superfood: Algen

In Asien weiß man es schon lange: Algen sind viel mehr als nur schleimige grüne Gewächse, die den Boden des Meeres überziehen. Endlich haben auch wir in Europa erkannt, welche Superpower in der Alge steckt.

Die Alge selbst ist relativ geschmacksneutral, aber wie bei allem anderen auch kommt es auf die inneren Werte an. Algen enthalten viel Protein, Kohlenhydrate, Mineralstoffe und Vitamine, doch nur wenig Fett. Das macht sie gesund – und uns glücklich! Man kann sie außerdem hervorragend lagern, und es gibt sie in vielen verschiedenen Darreichungsformen, zum Beispiel frisch, getrocknet oder pulverisiert.

DETOX-ALGEN-SMOOTHIE

❄ 3 Handvoll grünes Gemüse (Feldsalat, Rucola, Radieschen-, Möhren- oder Kohlrabigrün, Spinat, Grünkohl, Mangold oder was du sonst noch findest)
❄ 1 Banane
❄ ½ Avocado
❄ 1 Birne oder Apfel
❄ 1 TL Kokosöl
❄ 1 TL Algenpulver
❄ 300 ml Kokosnuss-Wasser

vegan und glutenfrei

Gib alle Zutaten in einen Mixer und verrühre die Masse mindestens zwei Minuten auf der höchsten Stufe zu einem cremigen Smoothie. Schirmchen und Strohhalm rein – und genießen.

ALGENGESICHTSMASKE

vegan

* 4 EL Algenpulver
* 10 EL Wasser
* 2 EL Olivenöl

Vermische alle Zutaten miteinander. Wenn du möchtest, dass deine Gesichtsmaske duftet, kannst du ein paar Tropfen ätherisches Öl hinzugeben. Reinige deine Haut und trage dann die Maske auf. Die Nährstoffe der Alge können so direkt in die Haut eindringen und sie durchbluten und befeuchten. Darüber hinaus entschlackt und entgiftet sie und wirkt entzündungshemmend bei Pickeln oder Irritationen. Nach 45 Minuten kannst du die Maske mit warmem Wasser abwaschen.

ALGEN-RÄUCHERTOFU-AUFSTRICH

vegan und glutenfrei

* 4 g Noriblätter
* 100 g Räuchertofu
* 2 EL Sonnenblumenöl
* ½ Zitrone
* Salz und Pfeffer, evtl. Senf

Zerkleinere die Noriblätter und den Räuchertofu grob und püriere die Masse in einem Mixer. Gib das Öl und den Saft der halben Zitrone dazu. Wenn alles eine cremige Masse ergibt, mit Salz, Pfeffer und Senf abschmecken.

Chaos, Chaos, Chaos

Am Anfang nimmt man sich ja vor, keine von »diesen« Eltern zu werden, deren Leben sich nur noch um das eigene Baby dreht. Man möchte man selbst bleiben, Zeit für sich haben und denkt, dass es überhaupt gar kein Problem ist, die Wohnung ordentlich zu halten.

Äh … nein. Gerade wenn dein Baby anfängt sich fortzubewegen, solltest du alle guten Absichten an der Garderobe abgeben – oder in eine der riesigen Kisten mit dem Babyspielzeug stopfen. Kinder machen immer nur, was sie wollen. Und auch sonst haben sie uns einiges voraus. Wo ein Kind ist, herrscht Chaos. Das ist ein Grundgesetz, eine unverrückbare Tatsache, die wir nicht ändern können. Kinder stören sich nicht an Unordnung, ganz im Gegenteil, sie lieben sie. Es sind die Eltern, die ein Problem damit haben. Zugegeben, Ordnung hat seine Vorteile: Man findet Sachen schneller wieder, kann besser putzen und schockt unangemeldete Besucher nicht mit einem Schlachtfeld im Wohnzimmer.

Für Kleinkinder ist die Welt der Erwachsenen allerdings ein riesiger Spielplatz, den sie nach allen Regeln der Kunst verwüsten können. Es ist wichtig, dass Kinder ihrer Neugier nachgehen dürfen, daher würde es die Entwicklung negativ beeinflussen, wenn man sein Baby in einen sterilen Raum setzen würde. So können keine neuen Erfahrungen gemacht werden – und ja, auch die Erfahrung, dass Mama böse wird, wenn man ihre Lieblingsbücher aus dem Regal zieht, ist wichtig. Kinder testen Grenzen aus und erforschen die Welt, und wir als Eltern sind ihre Begleiter dabei, um auf sie aufzupassen und sie zu beschützen.

Chaos und Unordnung bedrohen nicht die Kinder, sondern nur die Nerven der Eltern, vor allem der Mamis da draußen. Es ist uns peinlich, wenn jemand bei uns vorbeikommt und das Wohnzimmer in Spielsachen versinkt, denn es sieht so aus, als ob wir die Lage nicht unter Kontrolle hätten.

Aber mal Hand aufs Herz: Haben wir das jemals? Im Grunde geben wir doch alle unser Bestes und versuchen, unsere Kinder so liebevoll wie möglich zu erziehen. Warum sind wir dann nicht liebevoll zu uns selbst? Warum sind unsere Ansprüche an uns so hoch? Warum können wir einem Gast, der bei uns vorbeischaut und das Chaos sieht, nicht einfach sagen: »Ja, hier sieht es aus, als ob eine Bombe eingeschlagen hätte. Na und? Mein Kind entdeckt gerade, dass man Dinge aus Regalen ziehen kann.«

Sei freundlich zu dir, liebe Mami! Und vergleiche dich nicht mit anderen Müttern. Keine ist perfekt, nur manche verstecken es besser als andere. Versuch doch mal, die permanente Unordnung mit einem Schulterzucken abzutun. Der Haushalt läuft dir nicht davon, wenn du deinem Kind einen Regenbogen zeigen willst. Aber der Regenbogen wartet nicht.

Und wenn du es das nächste Mal nicht schaffst, dir die Haare zu waschen, bevor der Besuch an der Tür klingelt, such dir ein Tutorial auf YouTube und lerne, wie man in einer Minute einen Turban bindet. Kimonos und Hausmäntel gelten mittlerweile als absolut gesellschaftsfähig, und wenn du dich in den eigenen unaufgeräumten Wänden doch zu unwohl fühlst, pack Kind und Gast doch einfach ein und mach einen Spaziergang an der frischen Luft. Dabei könnt ihr ja »zufällig« an diesem supersüßen Café vorbeischauen, das den weltbesten Kuchen hat … Und wieder ist ein Problem gelöst!

Superfood: Avocado

Die Avocado steckt voller Wunder! Das Fruchtfleisch enthält viele gesunde einfach ungesättigte Fettsäuren, wie zum Beispiel Ölsäure, aber auch Vitamin E, Folsäure, Kalium und Antioxidantien. Der regelmäßige Verzehr von Avocados wirkt sich positiv auf das Herz-Kreislauf-System aus, hilft als hervorragende Energiequelle beim Abnehmen und kann Erkrankungen wie Diabetes oder Arthritis schon in der Entstehung verhindern. Und selbst im Inneren verbirgt sich nur Gutes. Der Kern steckt voller gesunder Stoffe. In Scheiben geschnitten und an der Luft getrocknet, kannst du ihn zu einem nussigen Pulver zermahlen und zum Beispiel deinem Müsli oder Smoothie beimischen.

AVOCADO-BANANEN-BROT

- ❃ 2 reife Bananen
- ❃ 1 reife Avocado
- ❃ 2 Eier
- ❃ 75 ml Milch oder Mandeldrink
- ❃ 50 g Kokosöl
- ❃ 35 g Ahornsirup (oder ein anderes Süßungsmittel)
- ❃ 110 g Mehl
- ❃ 45 g Haferflocken
- ❃ 40 g Walnüsse, gehackt
- ❃ 2 TL Backpulver
- ❃ ½ TL Zimt
- ❃ eine Prise Salz

Zerdrücke die Bananen und die Avocado mit einer Gabel. Gib Eier, Milch, zerlassenes Kokosöl und den Ahornsirup dazu und verrühre alles miteinander. Vermenge die trockenen Zutaten und hebe sie vorsichtig unter die Bananen-Avocado-Masse. Lass das Brot in einer gefetteten Kastenform im auf 180 Grad vorgeheizten Backofen bei Ober-/Unterhitze für ca. 60 Minuten backen. Eine Viertelstunde vor Ende kannst du die Form mit Alufolie abdecken. Abkühlen lassen, aufschneiden und genießen.

AVOCADO-HAARKUR

* 1 reife Avocado
* 1 EL Zitronensaft
* 1 EL Honig
* 1 Ei
* 150 ml Vollmilchjoghurt

Vermenge alle Zutaten miteinander und püriere sie zu einer cremigen Masse. Nach dem Duschen auf das handtuchfeuchte Haar auftragen und mindestens eine Stunde einwirken lassen. Danach mit Shampoo auswaschen und sich über tolle, glänzende Haare freuen.

Tipp: *Ob eine Avocado schon reif ist, findest du am besten heraus, wenn du das kleine knubbelige Stielende an der Oberseite berührst. Kannst du es leicht drehen oder sogar herausziehen? Dann ist die Avocado ready to eat. Falls nicht, lässt du sie einfach noch einen weiteren Tag liegen.*

GUASACACA – DIE VENEZOLANISCHE ANTWORT AUF GUACAMOLE

* 2 reife Avocados
* 1 Zwiebel
* 1 grüne Paprika
* 1 grüne Jalapeño-Schote
* 2 Zehen Knoblauch
* 1 Handvoll frischer Koriander
* 1 Handvoll Petersilie
* 60 ml weißer Essig
* 1 TL Limettensaft
* 80 ml Olivenöl
* Salz und Pfeffer

vegan und glutenfrei

Gib alle Zutaten bis auf das Öl in einen Mixer und püriere das Ganze ordentlich. Dann gib nach und nach das Öl dazu. Schmecke die Masse mit Salz und Pfeffer ab. *Buen apetito!*

Schöner scheitern

Ich kenne nur ganz, ganz wenige Frauen, die offen zugeben: *Das Leben mit Kindern ist wunderbar, aber manchmal wünsche ich mir mein altes unabhängiges Leben zurück.* Wumms! Wenn man das in der Öffentlichkeit sagt, bekommt man sofort einen Stempel verpasst: *Rabenmutter* steht fortan gut sichtbar auf deiner Stirn. Und egal was passiert, ob dein Schatz später laufen lernt als andere oder ein Schreikind wird – immer wirst du daran schuld sein, weil du dein Kind nicht genügend liebst.

Nun mal ehrlich. Wenn man es ein Leben lang gewohnt war hinzugehen, wohin man will, seine Entscheidungen selbstständig und frei zu treffen und nur für sich selbst verantwortlich war, ist es einfach eine massive, ja fundamentale Umstellung, wenn sich der Alltag plötzlich nur noch um das Baby dreht. Mit einem Mal kann man nicht mehr duschen, wann man möchte, essen, wann man will, selbst aufs Klo gehen ist allein nicht mehr drin. Wieso wird von Müttern erwartet, dass sie es bedingungslos großartig finden, jegliche Selbstbestimmung von einem Tag auf den anderen aufzugeben? Nur weil man davon wusste? Weil man von jungen Müttern am Rande des Wahnsinns gehört hat? Weil man weiß, dass die beste Freundin nach acht Wochen Baby sich nichts sehnlicher wünscht, als sich einfach mal wieder mit einem Cappuccino auf die Terrasse zu setzen – oder länger als drei Stunden zu schlafen?

Ganz ehrlich, wir alle haben Momente, in denen wir den Freundinnen ohne Kinder neidisch dabei zuhören, wenn sie am Sonntag beim Brunch von ihrer aufregenden Nacht erzählen. Das ist doch vollkommen normal – und gut so. Denn diese Sehnsucht nach Selbstbestimmung ist doch das beste Zeichen dafür, dass wir zwar mit Herz und Seele Mama, vor allem aber immer noch Mensch, Person und Charakter sind. Aber wir können gute Mütter sein und trotzdem eigene Träume haben.

Wir sind mehr als eine mobile Versorgungseinheit für Kleinkinder, mehr als eine Milchbar auf zwei Beinen, mehr als Pausenbrotschmierstation und Hausaufgabenkontrollamt. Wir sind *wir*, mit all unseren Ecken und Kanten, Wünschen und Bedürfnissen, Fehlern und Talenten! Und sobald die Kleinen alt genug sind, dass wir sie für eine Nacht an die Oma, den Partner, die Partnerin oder einen Babysitter überantworten können, wollen wir endlich wieder mal einen Abend nur für uns haben. Wir wollen uns in einen schicken Fummel werfen, die Haare schön haben und mal wieder um die Häuser ziehen. Oder für ein Wochenende zur Yoga-Auszeit an die Ostsee fahren. Oder Ski fahren in den Alpen. Ins Kino. Zur Shoppingtour. Oder einfach nur mit einem guten Buch auf dem Sofa liegen und lesen.

Denn Mama sein ist der schönste und zugleich anstrengendste Job der Welt – und in jedem Job gibt es mal gute und mal schlechte Zeiten. Alles, was zählt, ist die Liebe zu deinem Baby und dass es ihm und dir gut geht.

Superfood: Goji-Beeren

Das große Glück mag kleine Dinge, heißt es. Stimmt! Die roten Wunderbeeren aus Fernost stecken voller wunderbarer Nährstoffe und Antioxidantien. Und so wundert es kaum, dass sie auch den Beinamen »Glücksbeeren« tragen, denn sie machen durch ihre Inhaltsstoffe richtig happy. Sie sind reich an Vitamin A, B, C und E und enthalten mehr Eisen als Spinat! Vor allem für Frauen, die nicht selten an Eisenmangel leiden, sind die Powerbeeren deshalb eine ideale Nährstoffquelle. Auch von außen aufgetragen können die kleinen Früchte einiges: Sie tragen zum Zell- und Immunschutz bei und ziehen für uns in den Kampf gegen freie Radikale.

GLÜCKSWASSER FÜR KALTE UND HEISSE TAGE

Übergieße eine Handvoll Goji-Beeren mit heißem, aber nicht mehr kochendem Wasser und lass den Tee ein paar Minuten ziehen – je nachdem, wie intensiv du den Geschmack magst. Seihe die Beeren ab, wirf sie jedoch nicht weg. Du kannst sie noch weiterverwenden, zum Beispiel in einem Liter kaltem Wasser, das drei bis vier Stunden im Kühlschrank zieht.

APFEL-GOJI-SALAT

vegan und glutenfrei

* ✱ 2 Äpfel
* ✱ 3 TL Walnüsse
* ✱ 3 TL Pinienkerne
* ✱ 3 TL Sonnenblumenkerne
* ✱ 3 TL eingeweichte Goji-Beeren
* ✱ Zimt, Honig oder Ahornsirup nach Geschmack zum Würzen

Weiche die Goji-Beeren für mindestens eine halbe Stunde in Wasser ein – oder in Apfelsaft, wenn du möchtest, dass die Beerchen noch fruchtiger schmecken. In der Zwischenzeit schneidest du die Äpfel in Stücke und vermischst alle Zutaten gut miteinander.

GOJI-BEEREN-GESICHTSMASKE

❄ 1 TL Goji-Beeren, klein geschnitten
❄ ½ TL Honig

Übergieße die Beeren mit 2 TL Wasser und lass das Ganze eine Viertelstunde einweichen. Zerdrücke die Beeren in einem Mörser zu einem gleichmäßigen Brei und füge den Honig hinzu. Vermische alles gut miteinander und trage die Maske auf dein Gesicht auf. Nach zehn Minuten siehst du um Jahre jünger aus – versprochen!

Von Bienchen und Blümchen

Ich weiß, ich weiß. Sex nach der Geburt ist für die allerwenigsten Frauen ein Thema. Ich glaube sogar, dass sich die meisten erst einmal gar nicht vorstellen können, in absehbarer Zeit wieder sexuell aktiv zu werden. Nachvollziehbar. Bei einer natürlichen Geburt werden Uterus und Vagina ja durchaus in Mitleidenschaft gezogen. Dazu die schmerzenden Brüste vom Stillen, die anstrengende Geburt, die überschüssigen Kilos, eventuell setzt auch der Baby-Blues bzw. eine Wochenbettdepression ein … Man hat es wirklich nicht leicht als frischgebackene Mama. Und jetzt soll man auch noch über Sex nachdenken? Und vielleicht sogar über Verhütung?!

Zunächst einmal die gute Nachricht: Es ist vollkommen normal, wenn man in den ersten Wochen und Monaten nach der Geburt überhaupt keine Lust auf Sex hat. Man ist überanstrengt, permanent müde und hat das Gefühl, dass einem das Leben nicht mehr gehört, sondern man nur noch für das Baby da ist. In den ersten acht bis zehn Wochen soll man übrigens auch noch gar keinen Sex haben. Erst wenn der Arzt zwei Monate nach der Niederkunft – egal ob bei Kaiserschnitt oder natürlicher Geburt – grünes Licht gibt, kann man wieder loslegen.

Denn: Sex bedeutet Nähe, Entspannung und Liebe. Er ist wichtiger Bestandteil in einer Partnerschaft – und dein Mann oder deine Frau hat kein Kind zur Welt gebracht, sondern nun schon eine lange Zeit Rücksicht genommen und seine bzw. ihre diesbezüglichen Bedürfnisse hintangestellt.

Aber selbst wenn man will, es klappt manchmal einfach nicht. Durch das Stillen ist die Libido vermindert, außerdem ist die Scheide oft sehr trocken, selbst wenn man Lust hat und für alle Schandtaten bereit ist. Vor allem Frauen, die eine natürliche Geburt hatten, schlagen sich oft noch Monate danach mit den Geburtsverletzungen oder Narbenbildungen herum. Und auch eine Kaiserschnitt-Narbe kann noch ganz schön ziepen, selbst wenn sie eigentlich schon längst verheilt sein sollte.

Das Wichtigste beim Sex nach der Geburt ist, dass du dich nicht unter Druck setzen lässt, weder von deinen eigenen Erwartungen noch von den Aussagen deines Umfelds oder deines Partners/deiner Partnerin. Hör in dich hinein! Wenn du spürst, dass du ein Bedürfnis nach Zärtlichkeit und Nähe hast, dich aber »untenrum« noch nicht so wohlfühlst, kommuniziere das. Dein Mann oder deine Frau haben sicher Verständnis für deine Situation, können aber nur mitfühlen und nachempfinden, wenn du mit ihnen redest. Und vielleicht hat dein Freund oder Mann, deine Frau oder Freundin viel mehr Lust auf Nähe als auf Sex? Möglicherweise will er oder sie dich einfach mal wieder »für sich« haben und wünscht sich lediglich ein paar ruhige Stunden, in denen euer Baby nicht im Mittelpunkt des Geschehens steht. Schafft eine romantische, angenehme Atmosphäre. Legt eine entspannende Musik auf. Seid einander nah. Und genießt den ersten leidenschaftlichen Kuss, seitdem ihr nicht mehr allein auf der Welt seid. Wer weiß, was sich entwickelt, wenn ihr ein gemeinsames Bad nehmt oder es euch im Bett gemütlich macht.

Vermutlich kommst du um ein offenes Gespräch nicht herum. Und du bist gut beraten, eine Tube Gleitgel bereitzuhalten, die der Trockenheit der Scheide entgegenwirkt. Nimm auf keinen Fall Vaseline, denn die macht Kondome porös. Und ja, Kondome sind wichtig, es sei denn, ihr wollt direkt das nächste Kind bekommen. Aber selbst wenn ihr euch eine Großfamilie wünscht: Mediziner raten dazu, dem Körper Zeit zum Regenerieren zu geben. Es ist jedoch ein Aberglaube, dass man nicht schwanger werden kann, während man stillt. Stillen kann lediglich dafür sorgen, dass man keine Menstruation bekommt – das heißt aber noch lange nicht, dass es nicht doch zu einem Eisprung kommt und sich genug Schleimhaut aufbaut, damit sich ein befruchtetes Ei einnisten kann.

Der erste Schritt in Richtung Sexualität nach der Geburt ist, allein auf Erkundungstour zu gehen. Viele Frauen haben Angst davor, dass sie sich jetzt »anders« anfühlen. Es kann wahre Wunder bewirken, mit Hand und Spiegel einmal nachzufühlen, wie du dich unterhalb der Gürtellinie verändert hast. Vielleicht wirst du erst einmal etwas geschockt sein – aber vergiss nicht, Narben sind die Zeichen einer Kämpferin! Sie zeigen, was du geleistet hast. Du hast ein Kind ausgetragen, verdammt noch mal! Du hast Leben erschaffen. Mach dir das immer wieder bewusst.

Wenn du das Gefühl hast, mit dir und deiner Vagina Frieden geschlossen zu haben, kann es eigentlich losgehen. Vielleicht nicht gleich mit deinem Partner oder deiner Partnerin, sondern erst mal nur mit dir. Das erste Mal nach der Schwangerschaft und Entbindung wieder Lust zu empfinden ist eine große Sache, und niemand verlangt von dir, dass du gleich teilst. Doch diese vorsichtigen Schritte in Richtung Libido sorgen dafür, dass du nach und nach ein ganz natürliches Bedürfnis nach Lust und Leidenschaft entwickeln kannst.

Auch für das erste Mal Sex solltet ihr euch Zeit lassen. Es fühlt sich ja doch ein bisschen wie ein »erstes Mal« an – sowohl für dich als auch für deinen Partner oder deine Partnerin. Und genau wie beim richtigen ersten Mal sind falsche Erwartungen oder psychischer Druck absolut kontraproduktiv für eine aktive und lustvolle Sexualität in der Partnerschaft. Also stress dich nicht, sondern taste dich (wortwörtlich!) langsam voran. Tu das, was dafür sorgt, dass du dich wohlfühlst, sei es ein Termin im Waxing-Studio, im Erotik-Shop oder beim Beckenbodentraining.

Superfood: Kokosöl

Kokosöl ist das ultimative Superfood! Es ist vielseitig einsetzbar, bekömmlich und viel umweltschonender als beispielsweise Palmöl. Du kannst es in jedem gut sortierten Drogerie- oder Supermarkt kaufen. Kokosöl kommt meist in einem Glas daher und ist zunächst fest, schmilzt aber bereits bei 25 Grad. Es enthält Laurinsäure, die antibakteriell wirkt, und wird auch von empfindlichster Haut, zum Beispiel der von Babys, gut vertragen. Außerdem ist es vielseitig in der Küche einsetzbar und verfeinert nicht nur asiatische Gerichte.

SELBST GEMACHTE KOKOSÖL-FEUCHTTÜCHER

vegan

* Küchenrolle
* 250 ml heißes, frisch abgekochtes Wasser
* 1–2 gehäufte EL Kokosöl
* evtl. Orangen-, Zitronen- oder Lavendelöl
* eine gut verschließbare Frischhaltebox
  zur Aufbewahrung

Zerschneide die Küchenrolle mit einem Messer in zwei Hälften. Abgekochtes heißes Wasser, Kokosöl und ggf. Öl für den Geruch gut miteinander verrühren. Halbierte Küchenrolle in Frischhaltebox geben und die Emulsion gleichmäßig über dem Papier ausschütten. Box verschließen und alles 15 Minuten einwirken lassen. Wenn die Flüssigkeit eingezogen ist, Kartonrolle im Inneren vorsichtig mit einer drehenden Bewegung herausziehen.

Die Feuchttücher sind etwa eine Woche lang haltbar. Sie eignen sich sowohl zum Abschminken als auch zur Reinigung von wunden Babypopos.

HIMMLISCHES HIMBEER-EIS

vegan und glutenfrei

✳ 100 g Cashewkerne
✳ 6 Datteln, entsteint
✳ 80 g Himbeeren (frisch oder tiefgefroren)
✳ 2 EL Kokosöl

Weiche die Nüsse über Nacht in Wasser ein und seihe am nächsten Tag ab. Schneide die Datteln in kleine Stücke, gib sie mit den Himbeeren, dem Kokosöl und den Cashewkernen in einen Mixer und verarbeite alles zu einer homogenen Masse. Gib die Masse 30 Minuten in eine Eismaschine oder stell sie für drei Stunden in einer Plastikdose in die Tiefkühltruhe.

KOKOSÖL ALS NATÜRLICHES GLEITGEL

Viele Frauen haben nach der Geburt Schwierigkeiten mit Scheidentrockenheit. Der Einsatz von Gleitgel ist daher oft unumgänglich. Doch was ist drin im industriellen Gleitgel? Silikone und Weichmacher. Es gibt eine natürliche Alternative: Kokosöl. Aufgrund seiner Konsistenz und der pilztötenden Eigenschaften ist es sowohl praktisch als auch pflegend. Darüber hinaus gleichen die Fettsäuren im Kokosöl den pH-Wert im Inneren der Scheide aus.

So geht's: Führe vor dem nächsten Geschlechtsverkehr ein haselnussgroßes Kügelchen Kokosöl vaginal möglichst weit ein. Deine Körpertemperatur wird das schnittfeste Fett sofort verflüssigen – und schon flutscht's auch wieder im Bett!

Tipp: *Kokosöl ist übrigens auch ein prima Schutz gegen Stechmücken! Achte darauf, dass das Produkt nicht parfümiert, sondern so rein und unbearbeitet wie möglich ist. Creme deinen Liebling damit ein, bevor es im Sommer nach draußen geht – du wirst staunen.*

4
Fitness

FIT UND GESUND
MIT BABY

Eine Schwangerschaft und erst recht eine Geburt sind für den Körper eine echte Belastungsprobe. Es gibt wohl kaum eine Frau, die sich nicht ein paar Wochen nach der Niederkunft ganz kritisch vor den Spiegel stellt und fragt: Wie zum Teufel soll das je wieder straff werden?

Keine Panik, liebe Mami! Dass in den ersten Wochen und Monaten alles noch sehr weich und vielleicht auch ein bisschen schwabbelig ist, ist vollkommen normal. Trotzdem kannst du deinen Körper dabei unterstützen, wieder zu gewohnter Form zurückzukommen. Zum einen tust du das, indem du dich während des Wochenbetts schonst und danach einen Rückbildungskurs besuchst. Beides ist wirklich wichtig, denn nur so beugst du einem zu weichen Beckenboden und Inkontinenz im Alter vor.

Es geht aber nicht nur um die »inneren Werte«. Auch äußerlich hast du dich verändert und fühlst dich vielleicht auch gar nicht mehr so richtig wohl in deiner Haut. Ich habe ein paar tolle Fitnessübungen mit Baby für dich, die du spielend leicht in deinen Alltag einbauen kannst, ohne dass du in ein Fitnessstudio gehen oder jede Woche achtzig Kilometer joggen musst. Ziel ist nicht, so schnell wie möglich Gewicht zu verlieren, sondern dich zu stärken für den manchmal anstrengenden Mami-Alltag und nach und nach die Kondition wiederaufzubauen. Ein gutes Körpergefühl ist das A und O in jeder Lebenssituation – aber vor allem dann, wenn du das erste Jahr mit deinem kleinen Schatz erlebst. Denn nur wenn es der Mama gut geht, kann sie ihrem Baby wirklich die Liebe geben, die es braucht.

Ich selbst habe erst nach drei Monaten wieder mit dem Sport angefangen. Da Ella mit einem Kaiserschnitt auf die Welt kam, musste ich mich schonen, was körperliche Aktivitäten anging. Und das war für mich, die ich Sport immer in meinen Alltag integriert habe, schon sehr zu merken. Manchmal war ich nach einem längeren Spaziergang richtiggehend außer Atem – beinahe wie noch in der Schwangerschaft. Dennoch war es wichtig und gut, meinem Körper eine Erholung von der strapaziösen Zeit zu gönnen, in der er für zwei verantwortlich war. Im Endeffekt muss jede Mami selbst wissen, wann sie wieder mit einem leichten sportlichen Programm einsteigt. Und es muss ja nicht gleich Krafttraining sein! Auch ein ausgiebiger Marsch durch den Wald in leicht erhöhtem Tempo oder einfache Entspannungsübungen bringen dich in Form und sorgen dafür, dass du dich bald schon wieder wohl in deinem Körper fühlst.

Du hast zwanzig Kilo während der Schwangerschaft zugenommen? Hey, willkommen im Klub! Bei mir war zwar nach achtzehn Kilo Schluss, weil Ella dann zum Glück auf die Welt kam – ansonsten wäre ich vermutlich geplatzt. Aber auch ich habe neidisch auf die Frauen geschielt, die nach zehn Monaten Schwangerschaft nur acht Kilo mehr auf die Waage brachten.

Glücklicherweise verliert man die ersten fünf bis sieben Kilo ja schon am Tag der Geburt. Baby, Plazenta, Fruchtwasser und Blut – eine Blitzdiät im Kreißsaal. Und danach? Jeder in seinem Tempo. Bei mir waren die ersten Wochen nach der Geburt kein Spaß – es ging mir nicht gut, und ich musste mich zum Essen regelrecht zwingen. Außerdem war ich frustriert, weil das Stillen nicht klappte. Daher war ich sehr schnell wieder bei meinem Ausgangsgewicht, doch ich musste einen hohen Preis dafür zahlen. Denn gut ging es mir in dieser ersten Phase mit Baby wie gesagt nicht.

Es gibt ja solche albernen Faustregeln, an die sich viele Frauen irrtümlicherweise halten. »Ein Jahr nach der Geburt muss man wieder sein Ausgangsgewicht haben!« Das ist natürlich Unsinn. Man *muss* erst einmal gar nichts. Aber man sollte in den ersten drei Monaten keinen Sport treiben, sondern maximal leichte Bewegungen in den Alltag integrieren. Auch danach ist alles, was den Beckenboden zu sehr strapaziert, nicht geeignet: Jogging, Tennis, Volleyball oder Aerobic. Besser: Walking, Schwimmen, Pilates oder Gymnastik. Das kann man übrigens auch als stillende Mama machen.

Es stimmt, dass man durch Stillen abnehmen kann, da es den Körper viel Energie kostet, die Milch zu produzieren. Leider setzt der Effekt aber erst ab dem vierten Stillmonat ein. Die Natur hat sich also etwas dabei gedacht, uns Mamis in den zwölf Monaten nach der Geburt eine Schonfrist zu geben. Also sollten wir sie uns auch gönnen und nicht von Frauen, die bereits vier Monate nach der Geburt ihres dritten Kindes als Engel über den Laufsteg einer Unterwäsche-Show schweben, die gute Laune verderben lassen. Jede Frau ist anders – und jede Schwangerschaft auch. Hauptsache ist doch, du fühlst dich gesund und fit!

Übungen zum Aufwärmen

Meine Übungen sollen dich dabei unterstützen, eine glückliche Mama zu sein und mit Kraft, Energie und Wohlbefinden die neue Phase in deinem Leben anzugehen. Es geht dabei um niemand anderen als um dich – ganz ohne Stress und Leistungsdruck.

Bevor du mit den Übungen anfängst, solltest du deinen Rückbildungskurs abgeschlossen haben. Es ist absolut notwendig, dass du vom Gynäkologen grünes Licht bekommen hast, bevor du dich wieder sportlich betätigst. Sechs bis acht Wochen nach der Geburt findet eine Untersuchung statt, in der kontrolliert wird, ob alle Narben gut verheilen – die solltest du unbedingt abwarten, bevor du wieder Sport treibst.

Du fühlst dich fit und bereit und hast die Erlaubnis vom Arzt? Dann leg los! Achte jedoch darauf, dich nicht zu überfordern und ganz langsam in das Programm einzusteigen. Hör bitte sofort auf, wenn irgendetwas schmerzt oder wehtut. Und vergiss nicht, vor und nach dem kleinen Workout genug zu trinken.

Alle Übungen sind für Kinder ab etwa sechs Monaten geeignet. Sollte euer Baby es aber nicht mögen oder während der Übungen zu weinen anfangen, ist es für das Workout vielleicht noch zu früh.

⟳ ÜBUNG: **WARM-UP**

1. Halte dein Baby sicher vor der Brust, eine Hand unter seinem Po. Mit der anderen Hand stützt du seinen Hinterkopf.

2. Stell dich aufrecht in den schulterbreiten Stand. Nun steppe ca. zwei Minuten auf der Stelle.

3. Mach ca. eine Minute lang Sidesteps, indem du abwechselnd von der linken auf die rechte Seite steppst.

4. Zieh anschließend bei jedem Schritt die Ferse des freien Fußes hoch bis zum Po und stell sie wieder auf dem Boden ab – mindestens eine Minute lang.

5. Zum Schluss marschierst du auf der Stelle. Dabei ziehst du die Knie abwechselnd so weit hoch, bis sie einen 90-Grad-Winkel bilden. Diese Übung wiederholst du ebenfalls mindestens eine Minute lang.

Tipp: *Natürlich kannst du diese Aufwärmübungen auch mit Babytragehilfe machen!*

Übungen mit Baby

»Ich habe keine Zeit, ins Fitnessstudio zu gehen!« Ab heute gibt es keine Ausreden mehr. Denn die einfachsten, aber effektivsten Übungen kannst du ohne großen Aufwand bei dir zu Hause durchführen – egal ob du Anfänger bist oder schon vor deiner Schwangerschaft Sport getrieben hast.

Und das Beste: Du musst deinen kleinen Schatz dafür gar nicht bei der Oma oder einem Babysitter unterbringen, sondern kannst dein Baby in das Sportprogramm integrieren! So ein Kind wird ja Tag für Tag schwerer – und somit praktischerweise auch die Übungen, die du mit ihm durchführst.

Die ersten fünf Übungen kommen ganz ohne Hilfsmittel aus. Das Einzige, was du brauchst, sind eine Gymnastikmatte oder ein dicker Teppich, praktische Sportklamotten und deinen Schatz. Allerdings sollte dein Baby mindestens sechs Monate alt sein, um genug Körperspannung zu haben, wenn du mit dem Fitnessprogramm beginnst.

⇨ ÜBUNG 1: DIE BRÜCKE

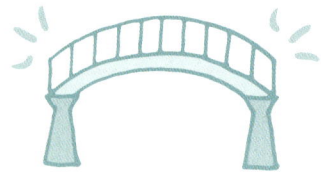

Für Po, unteren Rücken, Beckenboden und Bauchmuskeln

1. Leg dich auf den Rücken und winkle die Beine an. Setz dein Baby auf dein Becken mit den Füßchen zu dir, sodass es dich anschaut. Das Köpfchen und den Oberkörper kannst du mit deinen Oberschenkeln stützen, mit den Händen stabilisierst du dein Baby zusätzlich.
2. Hebe das Becken so weit an, bis dein Körper von den Knien bis zu den Schultern eine Gerade bildet. Zieh den Bauch dabei ein, spann den Beckenboden an und kneife die Pobacken zusammen. Halte während der ganzen Übung die Spannung.
3. Senke das Becken langsam wieder ab. Wiederhole die Übung 16 Mal.

⟳ ÜBUNG 2: DER FLIEGER

Für Bizeps, Trizeps und Brustmuskulatur bei Mama und Ganzkörperspannung und Gleichgewichts-sinn beim Baby

1. Leg dich auf den Rücken und halte dein Baby im Schalengriff auf deinem Bauch fest, sein Kopf zeigt zu dir.
2. Drücke dein Baby nach oben in die Luft und atme dabei aus.
3. Lass deinen Schatz nach links und rechts »fliegen« und beim Einatmen wieder auf dem Bauch landen.
4. Wiederhole die Übung in drei Durchgängen je zehn Mal.

⇨ ÜBUNG 3: DIE STÜTZE

Für Rumpfmuskulatur, verbesserte Körperspannung und -haltung

1. Leg dein Baby auf den Rücken vor dich hin, sodass es dich angucken kann. Du selbst kniest im Vierfüßlerstand darüber, eure Gesichter befinden sich auf gleicher Höhe. Du stützt dich entweder auf den Unterarmen oder den Händen ab, die parallel unter deinen Schultern sind. Die Knie befinden sich unterhalb deiner Hüften.
2. Strecke das rechte Bein nach hinten und stell deinen Fuß auf den Zehen ab. Spanne Bauch, Po und Beine dabei an!
3. Setz das linke Bein ebenso nach hinten. Deine Füße sind etwa hüftbreit auseinander.
4. Halte die Position für 15 Sekunden, dein Blick ist auf die Matte und dein Baby gerichtet. Wenn du kannst, versuche beim nächsten Durchgang 20 Sekunden, dann 25 Sekunden und so weiter.

⮂ ÜBUNG 4: DAS KÜSSCHEN

Für Oberkörper, Trizeps, Brust- und Schultermuskulatur

1. Leg dein Baby vor dich auf die Matte, knie dich hin und stütze dich mit den Händen auf dem Boden ab. Die Hände liegen links und rechts neben dem Bauch deines Babys, etwa schulterbreit auseinander. Deine Fingerspitzen zeigen nach vorn.
2. Schieb deinen Oberkörper so weit nach vorn, bis deine Oberschenkel, dein Rücken und dein Kopf eine gerade Linie bilden.
3. Beuge die Ellbogengelenke und senke deinen Oberkörper nach unten, bis du deinem Baby einen Kuss auf die Stirn geben kannst.
4. Geh zurück in die Ausgangsposition und wiederhole die Übung, gib dabei deinem Baby einen Kuss auf die rechte Wange, anschließend auf die linke.
5. Wiederhole die Übung in drei Durchgängen je zehn Mal.

⟶ ÜBUNG 5: DAS GESCHENK

Für Arme, Schultern und Brustmuskulatur

1. Setz dich auf die Vorderkante eines Stuhls. Der Rücken ist gerade, die Füße stehen hüftbreit auseinander. Dein Baby liegt bäuchlings auf deinen Unterarmen, die du leicht anwinkelst.
2. Hebe die Arme und dein »Geschenk« bis auf Schulterhöhe und atme dabei ein.
3. Lass die Arme sinken und atme aus. Wichtig: die ganze Zeit Oberkörper gerade halten und Schultern zurücknehmen.
4. Wiederhole die Übung in drei Durchgängen je zehn Mal.

Übungen mit Trage

Wer kennt es nicht? Das Baby schreit und lässt sich nur durch Herumtragen beruhigen, aber langsam werden die Arme schwer … Keine Frage: Die Trage ist das Must-have im ersten Lebensjahr deines Schatzes. Und sie kann noch mehr. Sie sorgt nämlich nicht nur dafür, dass wir die Hände frei haben, sondern belohnt unsere Mäuse auch mit einer Extra-Kuscheleinheit.

Und auch in Sachen Fitness kann die Babytragehilfe eine Menge. Allerdings solltest du dich beim Kauf der Trage unbedingt im Fachhandel beraten lassen – und zwar nicht nur, wenn du vorhast, sie beim Fitnessprogramm anzulegen. Dein Baby sollte in der richtigen Anhock-Spreiz-Haltung in der Trage sitzen, sein Kopf sollte ausreichend gestützt sein. Außerdem müssen die Tragegurte bequem sein und dürfen nicht einschneiden.

Beim Fitnessprogramm mit Trage ist es wichtig, dass du deinen Schatz nicht zu warm anziehst und auch nicht auskühlen lässt. Vermutlich wirst du etwas ins Schwitzen kommen, und deine Körperwärme wird sich auf dein Baby übertragen. Also Achtung vor zu warmer Kleidung! Allerdings kühlen die Beinchen und Füße bei Babys am schnellsten aus. Am besten fasst du während des Trainings immer mal wieder an die Haut deines Schatzes und überprüfst so, ob es ihm noch gut geht.

Es gibt richtig tolle Übungen für die Trage – aber gib acht, dass du dein Baby nicht zu sehr durchschüttelst. Gerade die Muskulatur im Nacken ist in den ersten Lebensmonaten noch sehr schwach. Außerdem solltest du dich nicht übernehmen. Also lieber langsam anfangen und mit der Zeit steigern.

Bitte geh niemals mit deinem Baby in der Trage joggen! So ein kleiner Körper verkraftet die Erschütterungen nicht, denen er dabei ausgesetzt ist.

☞ ÜBUNG 1: DIE SEITBEUGE

Für Hals- und Nackenmuskulatur, einen kräftigen Beckenboden und Dehnung

1. Stell dich aufrecht in den schulterbreiten Stand. Kippe dein Becken ein wenig nach vorn und halte den Kopf gerade. Strecke einen Arm über den Kopf, mit der anderen Hand hältst du dein Baby fest oder stützt seinen Kopf.
2. Beuge dich abwechselnd nach links und rechts, insgesamt fünf Mal nach jeder Seite.

☞ ÜBUNG 2: KNIEBEUGEN

Für Po und straffe Oberschenkel

1. Stell dich aufrecht in den schulterbreiten Stand. Falte die Hände vor der Brust und deinem Baby, sodass du ihm zusätzlichen Halt gibst.
2. Strecke den Po nach hinten und geh leicht in die Hocke, als ob du dich auf einen Stuhl setzen würdest. Achte darauf, dass deine Fußsohlen den Kontakt zum Boden nicht verlieren. Atme beim Absenken in die Hocke ein, beim Hochdrücken aus.
3. Wiederhole die Übung in drei Durchgängen je 15 Mal.

⤳ ÜBUNG 3: KNIEBEUGEN MIT BEINHEBEN

Für Po- und Beinmuskeln und einen verbesserten Gleichgewichtssinn

1. Stell dich aufrecht in den schulterbreiten Stand. Falte die Hände vor der Brust und deinem Baby.
2. Mach eine Kniebeuge.
3. Sobald du wieder gerade stehst, verlagerst du dein Gewicht auf das linke Bein und hebst das rechte seitlich an. Fußspitze dabei nach oben ziehen.
4. Anschließend wieder eine Kniebeuge machen, dann das Gewicht auf das rechte Bein verlagern und das linke seitlich anheben.
5. Wiederhole die Übung in drei Durchgängen je 15 Mal.

⇨ ÜBUNG 4: AUSFALLSCHRITT MIT KNIELIFT

Für Beinmuskulatur, Gleichgewichtssinn und Körperspannung

1. Stell dich aufrecht in den schulterbreiten Stand. Mach beim Einatmen einen weiten Ausfallschritt nach vorn.
2. Atme aus und geh mit dem Po so weit nach unten, bis dein vorderes Knie einen 90-Grad-Winkel bildet.
3. Atme ein und richte dich wieder auf, bleib dabei im Ausfallschritt.
4. Zieh zuerst das hintere Bein nach vorn und hebe es bis auf Hüfthöhe vor dem Körper an.
5. Wiederhole die Übung in drei Durchgängen je 15 Mal. Dann stellst du das andere Bein nach vorn und wiederholst die Übung wie beschrieben.

⇨ ÜBUNG 5: SEITENSTRECKER

Für Arm- und Po-Muskulatur

1. Leg dich seitlich auf die Matte und stütze dich auf deinem angewinkelten Oberarm ab. Winkle die Beine ebenfalls an.
2. Hebe den Po seitlich nach oben – noch besser klappt das, wenn du den Arm in die Luft streckst. Halte die Position nach Möglichkeit 30 Sekunden auf jeder Seite.

Trage oder Kinderwagen?

Eine schwierige Frage. Ich liebe ja vor allem die Babytragehilfe, weil meine kleine Maus dann ganz nah an mir dran ist und wir auch beim Spazierengehen eine extra Kuscheleinheit bekommen. Das ist ein schöner, kleiner Alltagsmoment, den ich sehr liebe. Oder sagen wir eher: vor allem im ersten Jahr geliebt habe. Mittlerweile wiegt Ella nämlich so viel, dass ein Tragen in der Tragehilfe regelrecht in Sport ausartet. Und seien wir mal ehrlich, für den Rücken ist das Tragen in der Tragehilfe irgendwann kein Vergnügen mehr. Der Kinderwagen ist natürlich auch viel praktischer, wenn es zum Supermarkt oder Wochenmarkt geht. Wenn dein Schatz nicht so gut geschlafen hat, kann er das auf dem Weg dorthin ganz bequem nachholen …

Dennoch, wenn ich mich entscheiden müsste, würde ich die Babytragehilfe bevorzugen. Kuscheln und Fitness in einem? Klingt super. Dazu links und rechts noch eine schwere Einkaufstüte und das Workout des Tages ist in null Komma nichts erledigt.

Übungen mit Kinderwagen

Der tägliche Spaziergang an der frischen Luft ist für die meisten Mamis eine Selbstverständlichkeit. Außerdem ist die Bewegung gut für Kopf, Körper und Seele, denn draußen in der Natur kann man einfach am besten abschalten und den manchmal doch etwas stressigen Mami-Alltag für einen Moment vergessen. Warum also die Zeit nicht nutzen und gleich etwas für Kondition und Fitness tun?

Allerdings gilt auch hier: langsam starten und gemächlich steigern. Und zwar auch für die Top-Sportler unter euch! Am Anfang genügt es vollkommen, statt des gemütlichen Spaziertempos etwas flotter zu walken. Nach und nach kann die Geschwindigkeit dann gesteigert werden.

Wichtig ist, dass du dir einen Kinderwagen zulegst, der für das schnellere Laufen auch wirklich geeignet ist, weil er große Räder, starke Bremsen und einen verstellbaren Griff hat. Außerdem gibt es Sicherheitsbänder, damit dir der Wagen auch bei schnellerem Tempo nicht »entwischt«. Dein Baby sollte außerdem immer angeschnallt sein, damit es auch bei wilder Fahrt nicht aus dem Wagen purzeln kann.

Bitte niemals mit Baby in der Babytragehilfe oder im Tragetuch joggen gehen! Die Erschütterungen sind viel zu heftig für die noch zarten Knochen und Gelenke.

Dein Liebling sollte außerdem schön warm eingepackt sein, wenn es draußen kälter ist. Im Gegensatz zur Mami bewegen sich die süßen Mäuse ja nicht – und vor allem über den Kopf verlieren die Babys viel Wärme. Also bei kühlerem Klima Mütze nicht vergessen!

↪ ÜBUNG 1: WARM-UP MIT KINDERWAGEN

1. Halte dich am Griff des Kinderwagens fest. Stell dich aufrecht in den schulterbreiten Stand. Die Bremsen des Kinderwagens sind festgestellt.
2. Mach mit den Füßen kleine und schnelle Abrollbewegungen auf der Stelle.
3. Steigere langsam das Tempo.
4. Wenn du das Gefühl hast, warm genug zu sein, bleib stehen und umfasse erneut den Griff des Kinderwagens. Löse die Bremsen und laufe mit dem Kinderwagen langsam und kontrolliert rückwärts. Schau dabei immer wieder über die Schultern nach hinten.

⮑ ÜBUNG 2: AN DEINER SEITE

Für unteren Rücken und aufrechte Haltung

1. Stell dich neben den Kinderwagen, sodass du dein Baby ansehen kannst. Die Beine sind schulterbreit auseinander. Verschränke die Hände hinter dem Kopf.
2. Setz dich auf einen imaginären Hocker hinter dir. Beuge dabei die Knie und schieb den Po weit nach hinten.
3. Richte dich dann wieder auf.
4. Wiederhole die Übung in drei Durchgängen je 15 Mal.

↪ ÜBUNG 3: EIN SCHÖNER RÜCKEN

Für den gesamten Rücken und ein stabiles Becken

1. Stell dich aufrecht und im schulterbreiten Stand seitlich neben den Kinderwagen, sodass du dich mit der rechten Hand leicht am Rand abstützen kannst. Halte deine Wirbelsäule gerade. Deine Halswirbelsäule bildet eine Linie mit deinem Rücken.
2. Hebe beim Ausatmen den linken Arm nach vorn und strecke das rechte Bein nach hinten, ohne dass du dein gesamtes Gewicht auf dem Kinderwagen abstützt.
3. Strecke den Arm nach vorn und hebe das Bein so weit an, dass Arm und Bein eine Gerade bilden. Halte die Position.
4. Komm wieder in die Grundstellung zurück, während du einatmest.
5. Wiederhole die Übung auf der anderen Seite des Kinderwagens. Dieses Mal streckst du den rechten Arm nach vorn und das linke Bein nach hinten.
6. Wiederhole die Übung in drei Durchgängen je 15 Mal.

⇨ ÜBUNG 4: SCHLANKE TAILLE

Für die Bauchmuskeln

1. Stell dich aufrecht und im schulterbreiten Stand seitlich neben den Kinderwagen und halte dich mit einer Hand am Rand fest. Die andere Hand legst du seitlich an den Kopf, der Ellbogen schaut zur Seite.
2. Winkle das äußere Bein an und dreh dein Knie dabei nach außen.
3. Hebe das Bein bis auf Hüfthöhe an. Gleichzeitig neigst du deinen Oberkörper seitlich in Richtung des Knies, bis sich Ellbogen und Knie berühren.
4. Wechsle die Seite.
5. Wiederhole die Übung in drei Durchgängen je 15 Mal.

⊂▷ ÜBUNG 5: AUSFALLSCHRITT

Für Po- und Beinmuskulatur

1. Du stehst vor dem Kinderwagen und hältst den Griff mit beiden Händen fest.
2. Mit dem rechten Bein machst du einen großen Ausfallschritt nach hinten. Geh mit dem Po so weit nach unten, bis dein vorderes Knie einen 90-Grad-Winkel bildet.
3. Zurück in die Ausgansposition – jetzt ist das andere Bein dran. Wiederhole die Übung zehn Mal.

Tipp: *Wem die Übung zu leicht ist, der kann die Bremsen lösen und den Kinderwagen während der Ausfallschritte langsam nach vorn schieben.*

Übungen für den Rücken

Mamis haben wirklich schwer zu schleppen. Erst der immer dicker werdende Bauch, dann das Baby … und das nimmt auch noch jeden Tag zu! Dazu kommen Einkäufe, Wickeltasche, Spielsachen und, und, und. Kein Wunder, dass sich die meisten von uns früher oder später mit Rückenschmerzen herumschlagen. Bewegung, Dehnung und Entspannung sind die Dinge, die wir Mamas brauchen. Wer schon länger mit dem Gedanken spielt, mit Yoga anzufangen, sollte jetzt wirklich damit loslegen.

Doch es gibt auch ein paar wirklich einfache Übungen, die du zu Hause ohne große Mühe und Vorkenntnisse durchführen kannst. Ich bin kein Profi, sondern gebe dir einfach nur weiter, was mir selbst guttut.

 ÜBUNG 1: WIRBEL FÜR WIRBEL

1. Stell dich aufrecht in den schulterbreiten Stand und lass deinen Kopf auf die Brust sinken. Langsam zieht das Gewicht deines Kopfes die Halswirbel hinunter, Wirbel für Wirbel.
2. Arme und Schultern hängen nach unten und fühlen sich ganz schwer an. Rolle nun Wirbel für Wirbel deine gesamte Wirbelsäule langsam ab und beuge dich dabei so weit nach unten, wie du kannst.
3. Danach geht es ganz langsam wieder nach oben, bis du aufrecht stehst.

ÜBUNG 2: DIE KOBRA

1. Leg dich auf den Bauch, das Gesicht nach unten. Deine Beine sind geschlossen, die Handflächen ruhen auf dem Boden vor deinen Schultern, die Ellbogen sind gebeugt.
2. Hebe deinen Oberkörper an, so weit du kannst, die Hüfte bleibt aber auf dem Boden. Mit den Armen kannst du dich dabei abstützen. Dein Gesicht zeigt zur Decke.
3. Halte die Position fünf Sekunden. Wiederhole die Übung mindestens zehn Mal.

⇨ ÜBUNG 3: DER KATZENBUCKEL

1. Geh in den Vierfüßlerstand auf Hände und Knie. Beim Einatmen hebst du den Kopf nach oben und machst ein Hohlkreuz.
2. Beim Ausatmen sinkt dein Kopf nach unten, und du machst einen Katzenbuckel.
3. Wiederhole die Übung mindestens zehn Mal.

⇨ ÜBUNG 4: DAS KLEINE PAKET

1. Leg dich auf den Rücken und umfasse beide Knie, bis du eine leichte Dehnung im unteren Rücken verspürst.
2. Zieh deine Knie zur Brust heran und hebe den Kopf. Stell dir vor, du würdest Stirn und Knie zusammenführen wollen.
3. Halte die Position, dann lass wieder locker. Wiederhole die Übung mindestens zehn Mal.

⮕ ÜBUNG 5: DAS KIND IN DIR

1. Knie dich hin und setz dich auf deine Fersen. Während sich deine großen Zehen berühren, stehen die Knie etwa hüftbreit auseinander.
2. Beuge deinen Oberkörper nach vorn, bis dein Bauch deine Oberschenkel berührt. Vielleicht kannst du sogar deine Stirn auf dem Boden ablegen.
3. Leg deine Hände mit den Handflächen nach oben neben deinem Oberkörper ganz locker auf dem Boden ab. Du kannst deine Arme auch nach vorn ausstrecken und mit den Handflächen nach unten ablegen.
4. Halte die Position 30 Sekunden und lass deine Schultern dabei nach unten sinken.

Schlusswort

Die perfekte Mutter? Es gibt sie nicht. Denn was für die einen das Ideal ist, kann für die anderen eine Katastrophe sein. Manche Mamis helikoptern ohne Ende, andere bevorzugen, dass ihre Kinder sich selbst erziehen. Ja, klar, das sind Extreme. Aber das Schöne an diesen unterschiedlichen Erziehungsstilen ist doch: Jeder macht Fehler, auch wenn er es eigentlich nur gut meint. Auch ich. Auch du!

Es wird allerhöchste Zeit, dass wir Mamis aufhören, an uns selbst zu zweifeln. Wir waren vor der Geburt unserer Kinder freie Individuen mit eigenem Willen und selbstbestimmtem Leben. Zugegeben, vor allem in den ersten Lebensmonaten unserer Babys ist das mit dem eigenen Willen und der Selbstbestimmung so eine Sache. Es kann ja schon fast zu einer Kunstform ausarten, binnen zwei Schreiintervallen zu duschen, ein Mittagessen zu kochen und irgendwie einigermaßen Herrin über den Haushalt zu bleiben.

Das alles sieht man natürlich nicht kommen, wenn man sich dafür entscheidet, ein Kind in die Welt zu setzen. Ich hatte das Gefühl, mich gut auf alles vorbereitet zu haben, und trotzdem schlug mir die Realität mit einer solchen Intensität ins Gesicht, dass mir manchmal die Worte fehlten. Niemand kann beschreiben, wie es sich wirklich anfühlt, Mama zu werden – es ist einfach etwas, was noch nie zuvor da war und was sich mit nichts anderem vergleichen lässt. Unendliche Freude und bodenlose Frustration liegen nur eine volle Windel voneinander entfernt.

>>> ❯ DU MUSST KEINE SUPERMAMA SEIN, ❮ <<<
UM EINE SUPER MAMA ZU SEIN.

Es gibt kein Rezept dafür, wie man sein Kind aufzieht. Oder wie man es vermeintlich »richtig« macht. Doch was für Mama gut ist, kann für das Baby nicht falsch sein. Je besser du dich um dich selbst, deine Bedürfnisse und deine Beziehung zu deinem Partner oder deiner Partnerin kümmerst, desto besser wirst du dich auch um dein Kind kümmern.

Glückliche Mamis erziehen glückliche Kinder, davon bin ich fest überzeugt. Mamisein bedeutet mehr, als ein Baby auf die Welt zu bringen und zu versorgen. Es heißt jedoch nicht, dass du nur noch Mutter bist. Wer ein Kind hat, verliert nicht sein Recht darauf, Tochter, Schwester, Tante,

Freundin, Liebhaberin, Partnerin, Ehefrau, Chefin und Vorstandsvorsitzende zu sein. Es ist deine Pflicht als Mutter, dich auch um deine Partnerschaft und deine Freundschaften, dein berufliches wie soziales Leben zu kümmern. Spricht etwas dagegen, dass du so bald wie möglich versuchst, einen Vormittag nur für dich zu haben? Und einen weiteren Abend für deine Partnerschaft zu reservieren? Ich weiß, das hört sich im ersten Moment unvorstellbar an. Doch glaub mir, es gibt Mittel und Wege, wie man sich Freiräume zurückerobert. Es sind ebenjene Freiräume, die dich durchatmen, zur Ruhe kommen und du selbst sein lassen, damit du im Anschluss voller Energie, Zuversicht und Motivation in deinen Fulltime-Job als Mama zurückkehren kannst. Ja, es ist ein Job, in dem die Arbeitszeiten ein Desaster sind, die Rentenversorgung ein Witz und die soziale Anerkennung ein Debakel ist. Aber die Bezahlung ist der Hammer, denn du wirst in der schönsten Währung der Welt entlohnt: Liebe. Coole Frauen werden deswegen zur Mama *befördert*.

Kämpf dich nicht allein durch. Dein Kind wird dir von Zeit zu Zeit alles abverlangen. Du wirst gestresst sein, verzweifelt, fertig mit der Welt und mit den Nerven. Dann ist es gut, wenn du teilen kannst: die Verantwortung, die Fürsorge und deine Sorgen und Nöte. Versuch nicht, deinen Liebling im Alleingang zu erziehen – vor allem dann nicht, wenn du einen Partner oder eine Partnerin hast, die sich kümmern wollen. Sie haben vermutlich ihre eigenen Strategien und Wege, wie sie euer Kind umsorgen wollen.

EINE MAMA KANN VIELES ERSETZEN, ABER NIEMAND KANN EINE MAMA ERSETZEN.

Aber keine Angst! Du darfst abgeben. Denn obwohl du die absolute Expertin bist, was dein Baby angeht, gibt es doch Bereiche, in denen sich andere auch auskennen. Dein Freund, deine Frau, die Tagesmutter, dein Schwiegerpapa … und vor allem dein Kind. Trau deinem kleinen Schatz ruhig ein bisschen was zu. Dein Liebling wird in seinem Leben noch einige Hindernisse und Hürden zu bewältigen haben – gut, wenn du nicht als einzige Ansprechpartnerin zur Verfügung stehst. Denk dran, du bist nicht nur für ein paar Jahre Mama, sondern ein Leben lang. Mutterschaft ist ein Marathon, kein Sprint. Also sorge gut für dich und kümmere dich um deine Bedürfnisse, nur dann kannst du für dein Kind die Mami sein, die es verdient.

Dank

Wenn mir jemand vor fünf Jahren prophezeit hätte, dass ich einmal mein eigenes Buch in den Händen halten würde, hätte ich wohl laut aufgelacht. Ich bin noch immer ganz gerührt und kann es kaum fassen. Mein zweites »Baby«, mein Mami-Wohlfühlbuch, ist nun Teil unserer Familie und wird seit der ersten Sekunde heiß und innig geliebt. Aber ohne so großartige Unterstützung hätte es wohl nie die Buchregale der Welt erblicken können.

Ein riesiger Dank geht an das Team des Droemer Knaur Verlags für sein großes Vertrauen in das Projekt und die tatkräftige Unterstützung.

Danke an das beste Fotografen-Team der Welt: Dan Zoubek und Maria & Linda. Ihr habt es geschafft, unser wuseliges Familienleben authentisch und natürlich einzufangen. Ich liebe eure Bilder und werde noch als grauhaarige Omi mit einem Lächeln im Gesicht an die Shooting-tage zurückdenken.

Ich danke außerdem der Meisterin der Make-up-Pinsel: Marlen. Innerhalb weniger Wimpern-schläge verwandelst du mich, die müde Mami, die mal wieder viel zu wenig Schlaf abbekommen hat, in eine jüngere, frischere Version meiner selbst.

Ein weiterer großer Dank geht an meine liebe Nachbarin Daria. Dein kleiner Sonnenschein hat das Buch erst zu dem gemacht, was es heute ist.

Danke, Ulla, für die leckeren Rezepte und danke, Janis, für die Unterstützung in den ver-gangenen Monaten und Jahren. Du weißt, dass ich es ohne dich niemals geschafft hätte, Ella zur Welt zu bringen. Vermutlich wäre sie heute immer noch in meinem Bauch …

Ich danke dir, Renato, für die tolle Unterstützung. Ohne dich hätten wir niemals unser neues Familienmitglied in Form eines Buches begrüßen dürfen.

Ein riesiger Dank geht an den besten, lustigsten und hilfsbereitesten Katzenfreund aller Zeiten: Binh. Ich weiß, ich kann mich immer und jederzeit auf dich verlassen. Und das Wein-Paket folgt, versprochen!

Es war Liebe auf den ersten Blick: Lisa. Du hast mich gleich bei unserem ersten Treffen verzaubert. Spätestens bei unserem zweiten Treffen war ich dir voll und ganz verfallen. ;-) Dank dir war die Entstehung dieses Buches eine unvergessliche, innige und ehrliche Reise, die hoffentlich noch lange nicht zu Ende ist. Du hast meine Gedanken zu Papier gebracht – und während ich dies schreibe, habe ich schon wieder das Bedürfnis, dich zu knuddeln! Wie gesagt: Die erste Liebe vergisst man nie.

Danke an die beste Familienrasselbande, die man sich vorstellen kann, »die Hornis«. Mama, ohne dich und deine wundervolle Unterstützung hätte ich die Shooting-Tage nicht so frei und unbekümmert angehen können. Du warst mir eine so große Hilfe und Stütze. Und Papa, du im Geiste natürlich auch.

Danke an den liebevollsten und großartigsten Papa und Partner, den ich mir überhaupt vorstellen kann: Jens. Es gibt so wahnsinnig viel, wofür ich mich bei dir bedanken möchte – aber ich glaube, das würde an dieser Stelle den Rahmen sprengen. Daher versuche ich, mich kurz zu fassen. Im Grunde muss ich ja meinem Bruderherz danken. Ali, wenn du mich damals nicht überredet hättest, dich bei der Wohnungssuche zu unterstützen, und wir nicht abgehetzt nach Wedding zur Besichtigung gedüst wären, hätte ich wohl niemals meine große Liebe und den Vater unserer bezaubernden Tochter kennengelernt.

Mein Schatz, du hältst mir immer den Rücken frei, und ich kann mich zu zweihundert Prozent auf dich verlassen. Du bist und bleibst mein über alles geliebtes Ackermännchen.

Zu guter Letzt: Ella. Du bist das größte Wunder, das mir jemals widerfahren ist. Deine Mama zu sein macht mich so unendlich stolz. Ich freue mich darauf, dich in den nächsten Jahren aufwachsen zu sehen, und bin gespannt auf all die Abenteuer, die wir miteinander erleben werden. Du bist und warst all die Mühen wert – hundertmal und noch viel mehr.

JEDE WOCHE
NEUE VIDEOS

Alles rund um's Mamisein
von und mit Isa.

Mit Isabell Horn

MAMI KLUB

FRAGESTUNDE

REZEPTIDEEN

KINDERQUATSCH

MAMI-HACKS

BASTELZEIT

FOLGT UNS JETZT !

 fb.de/mamiklub

 @mamiklub_official